LES INDISPENSABLES

Grammaire

Jean Dubois,
agrégé de grammaire,
docteur ès lettres,
et
René Lagane,
agrégé de grammaire

LAROUSSE
21, rue du Montparnasse 75283 Paris Cedex 06

ISBN 978-2-03-584560-3

Imprimé en Italie par
LA TIPOGRAFICA VARESE à Varese
Dépôt légal : mai 2009. 302681
N° projet : 11009958 - septembre 2009

SOMMAIRE

LA PHRASE ET SES CONSTITUANTS

1 LA PHRASE
2 LES CLASSES DE MOTS
3 LA PONCTUATION

■ La phrase est l'élément fondamental du discours ; constituée d'une combinaison de groupes de mots, elle est douée de sens.

■ On distingue les mots selon leur sens, leur forme et leur fonction dans la phrase.

■ Les noms, adjectifs, articles, pronoms, verbes sont des mots variables ; les adverbes, prépositions, conjonctions, interjections sont des mots invariables.

■ Les signes de ponctuation servent à séparer les phrases, les propositions, les mots entre eux, pour obéir à un besoin de clarté ou pour marquer une nuance de la pensée ou une intonation.

1 LA PHRASE

Le nom et le verbe sont les constituants essentiels de la phrase. Ils forment respectivement un groupe du nom, qui a des fonctions syntaxiques diverses, et un groupe du verbe.

1 La phrase simple

■ **Une phrase simple est constituée seulement d'un groupe du nom e d'un groupe du verbe :**

Le chat (groupe du nom) *poursuit une souris.* (groupe du verbe)

Le petit chat de mon voisin (groupe du nom) *joue avec la pelote de laine.* (groupe du verbe)

▶ On voit que **chaque groupe peut être développé** au moyen d'adjectif ou d'autres groupes de mots ayant une fonction de compléments et forman une ramification de la phrase simple.

Inversement, il arrive que le groupe du nom se réduise au nom seul :

Marie (groupe du nom) *joue avec Jean.*

▶ Parfois, **le groupe du verbe** se réduit au verbe seul :

Le petit chat *dort.* (groupe du verbe)

▶ Parfois, enfin, **le groupe du nom** n'est pas exprimé, par exemple quand l verbe est à l'impératif :

– // Viens ici !

Mais, en fait, le groupe du nom désignant l'être à qui l'on s'adresse pourrai être exprimé :

Paul, // viens ici !

2 La phrase complexe

■ **Une phrase complexe est constituée d'une combinaison de plusieur phrases,** appelées alors **propositions** ; à une phrase simple dite **principal** sont **subordonnées** d'autres phrases au moyen de conjonctions ou de pro noms relatifs :

Je pense (proposition principale) *que* (conjonction) *Paul a dû être retardé par l'orage.* (proposition subordonnée)

2 LES CLASSES DE MOTS

La combinaison des mots dans une phrase pour produire le sens se fait selon les règles propres aux différentes classes, ou catégories, grammaticales auxquelles ces mots appartiennent.

1 Les différentes classes grammaticales

Chaque mot appartient à une classe grammaticale, définie par certaines propriétés syntaxiques et sémantiques ; il entre donc dans une catégorie grammaticale.

- **Le verbe** exprime une action ou un état :

  Le jardin ***reste*** *inculte depuis qu'elle est partie* (*rester* = verbe d'état).
  Il ***part*** *en vacances demain* (*partir* = verbe d'action).

- **Le nom** désigne un être ou une chose qui est dans un état, qui participe à une action, qui est en relation avec un autre être ou une autre chose :

  Depuis plusieurs ***jours****, les* ***vagues*** *frappaient la* ***digue*** *avec* ***violence****.*

- **L'article** détermine le nom et en précise le genre et le nombre :

  Un *concert sera donné dans* ***la*** *salle* ***des*** *fêtes.*

- **L'adjectif** indique une qualité ou précise le nom :

  Un ***fin*** *voilier entre dans le port.*
  Ma *sœur a lu* ***ce*** *livre* ***deux*** *fois.*

- **Le pronom** remplace un nom ou indique la personne qui agit ou subit :

  J'*ai prêté mon stylo à Luce, car* ***elle*** *avait perdu* ***le sien****.*

- **L'adverbe** modifie le sens d'un adjectif, d'un verbe ou d'un autre adverbe :

  Elle s'installe ***confortablement****.*
  Il fait ***trop*** *beau pour travailler.*
  « ***Très*** *peu, dit-il. »*

- **La conjonction** et **la préposition** établissent des rapports entre les mots ou les groupes de mots :

  Les parents ***et*** *les amis* ***de*** *Jean le félicitèrent* ***pour*** *sa promotion.*

■ **L'interjection** souligne une exclamation de colère, de surprise, de dépit etc. :

__Hélas !__ tout est perdu ! __Oh !__ il n'est pas rentré !

2 Les changements de catégorie grammaticale

■ Un mot est à l'origine un nom, un adjectif ou un verbe, mais il peut changer de catégorie grammaticale :

▶ **le nom** peut devenir **adjectif** :

griller des __marrons__ → des vestes __marron__ (adjectif de couleur) ;

▶ **l'adjectif** peut devenir **nom, adverbe, préposition :**

elle est __malade__ → soigner les __malades__ (nom) ;
un __faux__ pas → il chante __faux__ (adverbe) ;
il est sain et __sauf__ → __sauf__ votre respect (préposition) ;

▶ **le participe** peut devenir **adjectif, nom, préposition :**

__obéissant__ à sa mère → une fille __obéissante__ (adjectif) ;
__assuré__ contre le vol → les __assurés__ sociaux (nom) ;
en __suivant__ la route → __suivant__ ce qu'il dira (préposition) ;

▶ **l'infinitif** peut devenir **nom :**

elle croit __devoir__ le dire → elle fait son __devoir__ ;

▶ **l'adverbe** peut devenir **nom, adjectif :**

rester __dehors__ → des __dehors__ insignifiants (nom) ;
il dort __bien__ → des gens très __bien__ (adjectif).

3 LA PONCTUATION

Les signes de ponctuation servent à séparer les phrases, les propositions, les mots entre eux, pour obéir à un besoin de clarté ou pour marquer une nuance de la pensée ou une intonation.

1 Les principaux signes

- **Le point .** indique la fin de la phrase :

  La maison est au sommet de la colline.

- **La virgule ,** sépare des éléments juxtaposés ou apposés : sujets, verbes, adjectifs, etc., ou des propositions circonstancielles, relatives à valeur explicative, incises, participiales. Elle marque une courte pause :

  On voit le ciel, la mer, la côte.
  Cette maison, vieille, massive, sorte de forteresse, était inhabitée.
  Je vois, dit-il, que vous comprenez.

- **Le point-virgule ;** sépare deux aspects d'une même idée, deux phases d'une action. Il marque une pause un peu plus longue que la virgule :

  Le chien, qui sommeillait, s'éveilla en sursaut ; il dressa l'oreille.

- **Le deux-points :** précède une citation ou un développement explicatif :

  Elle s'écria : « Lâchez-moi ! »
  Je n'avance pas : je suis sans cesse dérangé.

2 Les autres signes

- **Le point d'interrogation ?** se place à la fin des phrases qui expriment une interrogation directe :

  Quand aurons-nous terminé ?   *Que veut-elle ?*

- **Le point d'exclamation !** s'écrit après les interjections ou les phrases exprimant un sentiment vif :

  Attention !   *Comme je vous plains !*

■ **Les points de suspension ...** indiquent que la pensée n'est pas complètement exprimée. Ils marquent aussi une pause mettant en valeur ce qui suit :

Si elle avait voulu...
Cette absence me paraît... surprenante.

■ **Le tiret –** indique le début d'un dialogue ou le changement d'interlocuteur ; il s'emploie aussi pour mettre en valeur un mot ou une expression :

Es-tu prête ? — Pas encore. *L'autre chien — le vieux — dormait.*

■ **Les guillemets « »** se mettent au commencement et à la fin d'une citation ou de la reproduction exacte des paroles de quelqu'un, ou encore pour marquer qu'une expression est étrangère au langage courant :

« Venez me voir demain », dit-il.
La « polenta » est un mets italien.

■ **Les parenthèses ( )** indiquent une phrase ou une réflexion accessoires ou encadrent le nom de l'auteur d'une citation :

On annonça (et chacun s'en doutait) que le vainqueur ne viendrait pas.
Rien ne sert de courir, il faut partir à point (La Fontaine).

■ **Les crochets [ ]** s'emploient parfois à la place des parenthèses, par exemple pour insérer une précision, une remarque personnelle dans une citation :

Elle [la cigale] alla crier famine... (La Fontaine).

LE NOM : NATURE ET FONCTION

■ **Le nom, appelé aussi «substantif», est un mot variable, qui désigne soit un être animé (personne ou animal), soit une chose (objet ou idée) ; *chat, table, informaticienne, honneur, philosophie, sentiment, moto* sont des noms.**

4 LES DIFFÉRENTES CATÉGORIES DE NOMS

1 Noms concrets et noms abstraits

■ On distingue, **selon le sens :**

▶ **les noms concrets,** qui désignent des êtres vivants, des objets ou des choses ; on peut distinguer dans cette catégorie les noms **animés** (*cheval, fermier*) et les noms **non animés** (*plante, maison*) ;

▶ **les noms abstraits,** qui expriment des idées, des manières d'être :

navire est un nom concret ; *fermeté* est un nom abstrait.

2 Noms simples et noms composés

■ On distingue, **selon la forme :**

▶ **les noms simples,** formés d'un seul mot :

timbre est un nom simple ;

▶ **les noms composés,** formés de la réunion de plusieurs mots :

portemanteau est un nom composé écrit en un seul mot ;

timbre-poste est un nom composé écrit en plusieurs mots, avec un trait d'union ;

résidence secondaire est un nom composé écrit en plusieurs mots, sans trait d'union.

3 Noms communs et noms propres

■ Les noms se répartissent en **noms communs** et en **noms propres.**

▶ **Les noms communs** désignent tous les êtres, les choses d'une même espèce :

le fauteuil du salon est un nom commun ; il désigne un objet particulier, mais qui répond à une définition générale ; le nom *fauteuil* est commun à tous les objets de la même espèce que lui. Il ne prend pas la majuscule.

▶ **Les noms propres** donnent aux êtres vivants ou aux choses personnifiées une personnalité qui les présente comme des individus distincts des autres :

Louise, un Québécois, le Saint-Laurent, Lausanne, le Sénégal sont des noms propres. Ils prennent la majuscule.

Les noms propres sont essentiellement des **prénoms**, des **noms de famille**, des **noms d'habitants** d'un pays, d'une région, d'une ville, des **noms géographiques** (pays, fleuves, montagnes, régions, etc.).

ATTENTION

- Un nom propre est parfois employé comme nom commun, et inversement :

  *Le **bordeaux** est un vin de la région de **Bordeaux** ;*

  ***Hercule** est un héros mythologique. Un **hercule** est un homme très fort.*

- En revanche, *Charpentier, Lemercier, Marchand*, noms de famille, sont des noms propres issus de noms communs.

5 LE GENRE ET LE NOMBRE

1 Le genre

- Les noms se répartissent en **deux genres, le masculin et le féminin,** qui se manifestent par l'accord des articles et des adjectifs qui s'y rapportent :

  le *frère* (masculin) ; ***la*** *sœur* (féminin) ;

  un *pantalon* ***blanc*** *;* ***une*** *robe blan****che****.*

- **Les noms d'êtres humains et de certains animaux** sont du masculin ou du féminin suivant le sexe :

  le *père ;* ***la*** *mère ;* ***le*** *soldat ;* ***la*** *concierge ;* ***le*** *chien,* ***la*** *chienne.*

ATTENTION ***Une ordonnance, une vigie, une estafette, une clarinette, une sentinelle,*** désignant des hommes, sont du féminin, tandis qu'***un mannequin, un bas-bleu, un laideron et un cordon-bleu,*** désignant des femmes, sont du masculin.

- **Les noms de choses, les noms abstraits** sont répartis par l'usage dans l'un ou l'autre genre :

  une *table,* ***un*** *banc,* ***une*** *chaise,* ***un*** *lit.*

- La présence de certains **suffixes** ou **terminaisons** permet de reconnaître le genre des noms :

suffixes de noms masculins	exemples	suffixes de noms féminins	exemples
-age	*le nettoyage*	**-ade**	*une baignade*
-ail	*le travail*	**-aie**	*une cerisaie*
-ain	*un Romain*	**-aille**	*une canaille*
-ament	*le firmament*	**-aine**	*une quinzaine*
-eau	*un bordereau*	**-aison**	*une salaison*
-ement	*l'étonnement*	**-ance**	*la croyance*
-er	*un boucher*	**-ande**	*une réprimande*
-ier	*un prunier*	**-ée**	*une visée*
-illon	*un raidillon*	**-ie**	*de la charcuterie*
-in	*un ravin*	**-ille**	*une brindille*
-is	*du hachis*	**-ise**	*la franchise*
-isme	*le racisme*	**-ison**	*une garnison*
-oir	*le terroir*	**-itude**	*la solitude*

-teur	*un alternateur*	**-oire**	*une écumoire*
		-sion	*la passion*
		-té	*la beauté*
		-tion	*une attention*
		-trice	*une motrice*
		-ure	*la culture*

■ Quelques catégories de noms appartiennent à un genre déterminé.

▸ Sont ordinairement **masculins** :

- les noms d'arbres : *un chêne, un pin, un hêtre* ;
- les noms de métaux : *le fer, le zinc, le cuivre* ;
- les noms de langues : *le français, le chinois, le turc*.

▸ Sont habituellement **féminins** :

- les noms de sciences : *la physique, la chimie*.

Mais il existe une exception : ***le** droit*.

2 Le nombre

■ Les noms peuvent être **au singulier** ou **au pluriel :** le singulier désigne un seul être ou une seule chose ; le pluriel désigne plusieurs êtres ou plusieurs choses :

__un__ chat (singulier) *; __des__ chat__s__* (pluriel).

■ Toutefois, certains noms, appelés **noms collectifs,** désignent au singulier un groupe d'êtres ou de choses :

***le** bétail ; **la** foule ; **la** flotte marchande.*

ATTENTION Il existe des **noms qui ne s'emploient qu'au pluriel :**

- certains désignent des ensembles :

***des** archive**s** ; **des** besti**aux** ; **des** décombre**s** ;*

- d'autres n'expriment pas spécialement l'idée de pluralité :

***les** ténèbre**s** (= **l'**obscurité) ; **des** arrhe**s** (= **un** acompte).*

6 LE FÉMININ DES NOMS

Si certains noms de choses sont féminins par nature, d'autres, désignant des êtres humains ou des animaux, se présentent sous deux formes : le masculin et le féminin.
On dit qu'un nom est variable en genre quand il se présente sous la double forme du masculin et du féminin.

1 Formation du féminin

■ En général, **le féminin d'un nom se forme en ajoutant simplement un *-e*** à la fin du masculin :

*un ami → une ami**e** ; un candidat → une candidat**e** ; un cousin → une cousin**e**.*

■ **Les noms terminés par *-e* au masculin ne varient pas au féminin :** *un artiste → une artiste*, sauf quelques-uns qui forment leur féminin à l'aide du suffixe ***-esse*** : *un prince → une princ**esse**.*

ATTENTION

■ Certains **noms terminés par *-t* au masculin doublent ce *-t* au féminin :** *un chat → une cha**tte***. De même, *paysan* et *Jean* doublent le ***-n*** au féminin : *une paysa**nne**, Jea**nne***.

■ D'autres noms forment leur féminin d'une manière particulière, soit avec un **suffixe spécial**, soit **en doublant la consonne finale** du masculin ou en la transformant, soit **en introduisant un accent :**

finale du masc.	finale du fém.	exemples
-eau	**-elle**	*un jumeau, une jum**elle***
-el	**-elle**	*Gabriel, Gabri**elle***
-er	**-ère**	*un fermier, une fermi**ère*** *un boucher, une bouch**ère***
-eur	**-euse**	*un danseur, une dans**euse***
	-eresse	*un vengeur, une veng**eresse***
-f	**-ve**	*un veuf, une veu**ve***
-ien	**-ienne**	*un gardien, une gard**ienne***
-ion	**-ionne**	*un lion, une l**ionne***
-oux	**-ouse**	*un époux, une ép**ouse***
-p	**-ve**	*un loup, une lou**ve***

2 Féminins irréguliers

■ Le mot qui sert de **féminin** à un nom peut être totalement ou considérablement **différent du masculin.**

Par exemple :

roi,	*reine*	*serviteur,*	*servante*	*empereur,*	*impératrice*
mari,	*femme*	*parrain,*	*marraine*	*fils,*	*fille*
gendre,	*bru*	*dieu,*	*déesse*	*neveu,*	*nièce*
duc,	*duchesse*	*pair,*	*pairesse*	*frère,*	*sœur*
docteur,	*doctoresse*	*héros,*	*héroïne*	*oncle,*	*tante*
bouc,	*chèvre*	*lièvre,*	*hase*	*cerf,*	*biche*
jars,	*oie*	*bélier,*	*brebis*	*verrat,*	*truie*

■ Certains noms, désignant principalement des **professions,** n'ont encore pas de féminin correspondant ; on peut alors les faire précéder du mot ***femme*** :

un médecin → une femme médecin ; un peintre → une femme peintre.

Mais la langue a formé aussi des féminins :

*un avocat → une avocat**e** ; un pharmacien → une pharmacien**ne** ; un conseiller municipal → une conseill**ère** municipal**e**.*

REMARQUE Certains noms, désignant des animaux, n'existent qu'au masculin ou au féminin ; si l'on veut préciser le sexe, on est obligé de joindre à ces noms les mots ***mâle*** ou ***femelle*** : *un serpent **femelle** ; une hirondelle **mâle***.

3 Particularités

■ **Certains noms changent de genre en passant du singulier au pluriel :**

- ***amour*** est masculin au singulier et souvent féminin au pluriel :
  *un grand amour ; de **folles** amour**s** ;*
- ***délice*** est masculin au singulier, féminin au pluriel :
  *ce gâteau est un pur délice ; c'étaient sans cesse de **nouvelles** délice**s** ;*
- ***orgue*** est masculin au singulier et féminin au pluriel (désignant un seul instrument) :
  *un orgue excellent ; jouer aux **grandes** orgue**s**.*

- **Certains noms hésitent entre les deux genres,** par exemple, ***après-midi, entre-deux-guerres, palabre, parka :***

  un bel *après-midi* ou ***une belle*** *après-midi.*

- ***Gens*** est normalement du masculin :

  *Il y a des gens très courag**eux**.*

ATTENTION Dans quelques expressions : ***les vieilles gens, les bonnes gens, les petites gens***, le mot ***gens*** est précédé d'un adjectif épithète au féminin, mais suivi d'un adjectif attribut au masculin : *les vieil**les** gens sont poli**s**.*

- ***Chose*** et ***personne*** sont des noms féminins, mais, employés comme pronoms indéfinis, ils sont du masculin :

  *une chose clair**e** ; **quelque chose** de clair ;*

  *une personne vive ; **personne** n'est ven**u**.*

- **Certains noms ont un sens différent au masculin et au féminin** ; par exemple :

  un manœuvre est un ouvrier non spécialisé ; ***une manœuvre*** est un exercice ou un mouvement ;

  un aigle est un oiseau de proie ; ***une aigle*** est la femelle de l'aigle, mais peut aussi désigner un étendard ou un motif d'armoiries.

7 LE PLURIEL DES NOMS

En règle générale, un nom peut se présenter sous deux formes : le singulier et le pluriel. On dit que le nom est variable en nombre.
Le singulier correspond ordinairement à la désignation d'un seul être ou d'une seule chose, et le pluriel, à la désignation de plusieurs êtres ou de plusieurs choses.

1 Pluriel des noms communs

- Le plus souvent, **le pluriel des noms communs se forme en ajoutant** **n *-s*** au singulier :

  *un ennui → des ennui**s*** *un lit → des lit**s**.*

ATTENTION Le pluriel et le singulier sont semblables dans les noms terminés par ***-s, -x, -z*** :
un bois → des bois *une noix → des noix* *un nez → des nez.*

- Les noms terminés en ***-al*** ont le **pluriel en *-aux***. Mais *bal, carnaval, cé-émonial, chacal, choral, festival, pal, récital, régal, santal*, etc., suivent la règle énérale :

  *un cheval → des chev**aux*** *un chacal → des chacal**s**.*

- Le pluriel des noms terminés en ***-eau***, ***-au***, ***-eu*** et ***-œu*** e forme en ajoutant un ***-x*** au singulier. Font exception : ***landau, sarrau, leu, pneu,*** qui prennent un ***-s*** au pluriel :

  *un veau → des veau**x*** *un feu → des feu**x*** *un vœu → des vœu**x**;*
  *un étau → des étau**x*** *un pneu → des pneu**s**.*

- Le pluriel des noms terminés par ***-ou*** est en général en ***-ous***. ont exception ***bijou, caillou, chou, genou, hibou, joujou, pou,*** qui prenent un ***-x*** au pluriel :

  *un cou → des cou**s*** *un chou → des chou**x**.*

- Les noms terminés au singulier par ***-ail*** ont un pluriel régulier en ***-ails***. auf ***bail, corail, émail, soupirail, travail, vantail, vitrail,*** qui ont le pluriel n ***-aux*** :

  *un rail → des rail**s*** *un travail → des trava**ux**.*

- Les noms ***aïeul***, ***ciel*** et ***œil*** ont des **pluriels irréguliers** :

  *l'aïeul → les **aïeux*** *le ciel → les **cieux*** *l'œil → les **yeux**.*

ATTENTION On dit ***bisaïeuls***, ***trisaïeuls*** et ***aïeuls*** dans le sens de *grands-parents*, ***ciels*** dans *ciels de lit, les ciels d'Île-de-France,* et ***œils*** dans *œils-de-bœuf.*

2 Pluriel des noms communs d'origine étrangère

Le pluriel des noms empruntés aux langues étrangères est formé selon l[a] règle générale du pluriel des noms communs :

*un référendum → des référendum**s**.*

▶ Certains de ces noms ont conservé le pluriel d'origine étrangère à côt[é] du pluriel français ; toutefois, ce dernier tend maintenant à devenir le plu[s] fréquent :

*un maximum → des maxim**a*** ou *des maximum**s** ;*

*un gentleman → des gentlem**en*** ou *des gentleman**s** ;*

*un lied → des lied**er*** ou *des lied**s**.*

3 Pluriel des noms propres

● Les noms géographiques

Le pluriel des noms géographiques est formé **comme celui des nom[s] communs :**

*la Guyane française → les Guyane**s*** *l'Amérique → les Amérique**s**.*

● Les noms de personnes

Les noms de personnes **prennent la marque du pluriel :**

▶ quand ils désignent :

– **les familles royales** : *les Bourbon**s**, les Tudor**s** ;*

– **les familles illustres** : *les Condé**s**, les Ségur**s** ;*

▶ quand ils servent de **modèles** ou qu'ils désignent des **types :** *les Hugo[s] les Pasteur**s** ;*

▶ quand le nom de l'auteur désigne ses **œuvres** artistiques : *des Renoir**s**, de[s] Watteau**x**.*

ATTENTION Ils restent invariables quand ils sont pris dans un sens emphatique, grandiloquent et précédés de l'article :

*Les **Molière** et les **Racine** sont l'image de leur temps.*

4 Pluriel des noms composés

Les noms composés écrits en un seul mot

Ils forment leur pluriel comme des noms simples :

un entresol → *des entresol**s***   *un gendarme* → *des gendarme**s**.*

ATTENTION On dit ***gentilshommes, bonshommes, messieurs, mesdames, mesdemoiselles, messeigneurs***, pluriels de *gentilhomme, bonhomme, monsieur, madame, mademoiselle, monseigneur.*

Les noms composés écrits en plusieurs mots

▸ S'ils sont formés **d'un adjectif et d'un nom**, tous deux prennent la marque du pluriel :

*un coffre-fort, des coffre**s**-fort**s** ; une basse-cour, des basse**s**-cour**s** ; un château fort, des château**x** fort**s**.*

▸ S'ils sont formés de **deux noms en apposition**, tous deux prennent la marque du pluriel :

*un chou-fleur, des chou**x**-fleur**s** ; un chef-lieu, des chef**s**-lieu**x**.*

▸ S'ils sont formés **d'un nom et de son complément** introduit ou non par une préposition, le premier nom seul prend la marque du pluriel :

*un chef-d'œuvre, des chef**s**-d'œuvre ; un timbre-poste, des timbre**s**-poste ; une pomme de terre, des pomme**s** de terre.*

▸ S'ils sont formés **d'un mot invariable et d'un nom**, le nom seul prend la marque du pluriel :

*une avant-garde, des avant-garde**s** ; un en-tête, des en-tête**s**.*

▸ S'ils sont formés **de deux verbes ou d'une expression**, tous les mots restent invariables :

un va-et-vient, des va-et-vient ; un tête-à-tête, des tête-à-tête.

▸ S'ils sont composés **d'un verbe et de son complément**, le verbe reste invariable, le nom reste en général au singulier (ainsi dans les composés de ***abat-***, ***cache-***, ***porte-***, ***presse-***) :

un abat-jour, des abat-jour ; un presse-purée, des presse-purée ; un porte-plume, des porte-plume ; un cache-col, des cache-col ; un gratte-ciel, des gratte-ciel.

ATTENTION Dans un certain nombre de noms composés de cette façon, le nom prend la marque du pluriel :

*un couvre-lit, des couvre-lit**s** ; un tire-bouchon, des tire-bouchon**s**.*

■ **Dans les noms composés avec le mot *garde***, celui-ci peut être un nom ou un verbe.

▶ S'il est un **nom, il prend la marque du pluriel**, et le nom qui suit reste invariable :

*un garde-pêche, des garde**s**-pêche* (*garde* désigne la personne chargée de la surveillance de la pêche).

▶ S'il est un **verbe, il reste invariable**, et le nom qui suit peut prendre ou non la marque du pluriel, selon le sens :

*un garde-boue, des garde**e**-boue* (ici *garde* est un verbe : le nom composé désigne un objet qui garde, protège de la boue).

■ **Dans les noms composés avec l'adjectif *grand***, celui-ci est resté longtemps invariable s'il accompagnait un nom féminin :

*une grand-mère, des gran**d**-mères,*

mais *un grand-père, des grands-pères.*

Toutefois, on écrit souvent aujourd'hui : *une grand-mère, des grand**s**-mères.*

⑤ Les changements de sens au pluriel

■ Certains noms ont pris un **sens différent au singulier et au pluriel** au cours de l'évolution de la langue :

*Le sculpteur se sert d'**un ciseau*** (petit outil fait d'une lame).

*On utilise **les ciseaux** pour couper* (instrument fait de deux lames croisées et mobiles).

De même : *assise, lunette, vacance, ouïe, émail*, etc.

8 LE NOM : SUJET ET COMPLÉMENT D'AGENT

Pour reconnaître le sujet d'un verbe, on peut poser la question « qui est-ce qui ? » ou « qu'est-ce qui ? » et la faire suivre du verbe de la phrase.

Par exemple, dans *Paule tombe*, on peut se demander : « Qui est-ce qui ɔmbe ? Paule ». ***Paule*** est le **sujet** de ***tombe***. Dans *La boue tache les jambes :* Qu'est-ce qui tache ? La boue ». ***Boue*** est le **sujet** de ***tache***.

Quand un verbe passe de la voix active à la voix passive, **le sujet du ver-e devient le complément d'agent du verbe passif.**

1 Sens et fonction du nom sujet

Un nom est sujet d'un verbe quand il désigne l'être ou la chose qui **fait action** ou qui est dans l'état indiqué par le verbe actif :

*Les **arbres** perdent leurs feuilles en automne.*
sujet de *perdent*

*Le **vent** se lève :* *vent*, sujet de *se lève* ; *L'**enfant** semblait perdu au milieu de cette foule :* *enfant*, sujet de *semblait*.

Un nom est sujet d'un verbe passif quand il désigne l'être ou la chose ui **subit l'action** indiquée par le verbe :

*Les **branches** ont été coupées par le jardinier.*
sujet de *ont été coupées*.

2 Sujet d'un verbe à un mode personnel ou mpersonnel

Un nom peut être **sujet d'un verbe à un mode personnel** : indicatif, ɔnditionnel, subjonctif :

*Les **assistants se mirent** à rire :* *assistants*, sujet de *se mirent*.

Il peut être aussi le **sujet de l'infinitif,** verbe de la proposition infinitive :

*Elle vit l'**avion atterrir** sur la piste :* *avion*, sujet de *atterrir* ;

u sujet d'un infinitif de narration :

***Grenouilles** aussitôt **de sauter** dans les ondes* (La Fontaine) : *grenouilles*, sujet de *sauter*.

■ Un nom peut être aussi **sujet d'un participe,** verbe de la propositio participiale :

*Le **repas fini**, elle prit son journal : repas*, sujet de *(étant) fini* ;
*Ce **film** lui **déplaisant**, elle est sortie de la salle de cinéma : film*, sujet de *déplaisant*.

3 Sujet non exprimé

■ Le sujet n'est pas exprimé **quand le verbe est à l'impératif,** ou dans **certaines expressions** qui remontent à l'ancien français :

***Allons** voir ce qui se passe.*
*Peu **importe*** (c'est-à-dire : il importe peu).

4 Sujet réel et sujet apparent

■ **Dans les verbes impersonnels** ou pris impersonnellement *(voir fiche 3 « Modes, temps... »)*, on distingue **le sujet apparent** et **le sujet réel.**

▶ **Le sujet réel, placé après le verbe,** fait ou subit l'action indiquée par l verbe.

▶ **Le sujet apparent** est un pronom (***il*** ou ***ce***) qui, **placé avant le verb** laisse prévoir le sujet réel, tout en dictant l'accord du verbe :

***Il** lui arrive une **aventure** extraordinaire.*

sujet apparent de *arrive* — sujet réel de *arrive*

*C'est une maligne, cette **fille** : c'*, sujet apparent de *est* ; *fille*, sujet réel de *es*

5 Le complément d'agent

■ **Le complément d'agent** du verbe répond à la question ***par qui ?*** posé après un **verbe à la voix passive**.

▶ Il exprime l'agent par qui une action est faite :

*Elle fut heurtée **par un passant.***

▶ Si la même idée était exprimée à la voix active, le complément d'agent d verbe passif serait le sujet du verbe actif : ***Un passant** la heurta*.

■ Le complément d'agent peut être introduit par les **prépositions :**

▶ ***de*** : *Il est aimé de ses parents. Il est compris de tous ;*

▶ ***par*** : *Sa maison fut pillée par des voleurs.*

9 LA PLACE DU SUJET

Le nom sujet est, en général, placé avant le verbe :

Le ***jardinier*** *gardait ses fleurs.* *Le* ***chat*** *dort près du feu.*

ATTENTION Il peut y avoir déplacement du sujet ; on parle alors d'**inversion du sujet.**

1 Position après le verbe

Le nom **sujet** est **toujours placé après le verbe** dans les cas suivants :

- dans les **propositions interrogatives directes** qui commencent par le pronom interrogatif ***que***, complément d'objet ou attribut, ou par l'adjectif interrogatif ***quel*** :

  Que veut ***ce client*** *?*

  Que devient ***votre fille*** *?* *Quel est* ***votre avis*** *?*

- dans les **propositions incises ou intercalées** :

  Je ne pourrai, répondit ***Pierre****, venir demain à votre rendez-vous ;*

- dans les **propositions indiquant un souhait ou une hypothèse**, ou commençant par les expressions ***peu importe, qu'importe ?*** :

  Puisse ***votre pronostic*** *se réaliser !*

  Soit ***le cercle*** *de centre O.* *Peu importe* ***mon plaisir*** *personnel !*

- dans les **propositions commençant par un adjectif attribut :**

  Tel est ***mon conseil****.*

  Rares sont ***les exceptions****.*

Cas où la position après le verbe **n'est pas obligatoire :**

- dans les **propositions relatives commençant par un relatif complément** d'objet, attribut ou complément circonstanciel :

  La chanson que chantait ***Paule****,* ou *la chanson que* ***Paule*** *chantait.*

  Le mal dont votre ***mère*** *souffre,* ou *le mal dont souffre votre* ***mère*** *;*

- dans les **propositions infinitives** :

  J'ai entendu chanter ***le coq****,* ou *J'ai entendu* ***le coq*** *chanter ;*

- dans les **propositions interrogatives indirectes** commençant par un mot interrogatif (***quel, quand, comment***, etc.) :

  Je ne me rappelle plus où habitait ***Jacques****,* ou *où* ***Jacques*** *habitait ;*

▶ dans les **propositions qui commencent par un adverbe ou un complément** circonstanciel de lieu ou de temps :

Le long d'un clair ruisseau buvait ***une colombe*** (La Fontaine) ;

Bientôt apparaîtra ***la neige*** ou *Bientôt* ***la neige*** *apparaîtra ;*

▶ dans certaines **subordonnées conjonctives :**

Comme le croient ***les enfants***, ou *Comme* ***les enfants*** *le croient.*

2 Position avant le verbe et reprise par un pronom

■ **Le nom sujet est placé avant le verbe, mais repris par un pronom personnel** après le verbe (ou entre l'auxiliaire et le verbe) :

▶ dans les **propositions interrogatives directes** qui ne commencent pas aucun mot interrogatif, ou qui sont introduites par le pronom interrogatif ***qui,*** complément d'objet, ou par l'adverbe ***pourquoi :***

La pluie *a-t-**elle** cessé de tomber ? Qui* ***le conseil*** *a-t-**il** élu président ?*

Pourquoi ***votre sœur*** *ne m'a-t-**elle** rien dit ?*

▶ dans les **propositions interrogatives directes** qui contiennent un complément d'objet direct sur lequel ne porte pas la question posée :

Comment ***votre mère*** *aurait-**elle** appris la nouvelle ?*

Dans une telle phrase, la question ne porte pas sur *la nouvelle* (complément d'objet direct), mais sur la manière dont elle aurait été apprise (***comment ?***).

■ Cas où cette construction **n'est pas obligatoire :**

▶ dans **les propositions commençant par** les adverbes ***du moins, au moins, ainsi, peut-être, aussi, à peine, sans doute :***

Du moins ***Paule*** *n'a-t-**elle** rien vu,* ou *Du moins* ***Paule*** *n'a rien vu ;*

▶ dans les **propositions interrogatives commençant par** les adverbes ***où, quand, comment, combien,*** ou par le pronom interrogatif ***qui*** ou ***quoi*** complément d'objet indirect ou circonstanciel :

Où ***cette route*** *mène-t-**elle** ?* ou *Où mène cette* ***route*** *?*

À qui ***François Ier*** *a-t-**il** succédé ?* ou *À qui a succédé* ***François Ier*** *?*

▶ dans les **propositions exclamatives commençant par** un mot exclamatif (mais, en ce cas, sans reprise par le pronom) :

Que d'efforts ***ce travail*** *a exigés !* ou *Que d'efforts a exigés* ***ce travail !***

LE NOM : COMPLÉMENT DE DÉTERMINATION

On appelle *complément de détermination* un mot ou un groupe qui précise le sens d'un autre mot, qui en limite la portée, qui le détermine.

■ Si le mot ainsi précisé est un nom, on parle couramment de **complément du nom.** Il existe aussi des compléments de détermination de l'adjectif et de l'adverbe *(voir fiches 17 et 44).*

1 Place du complément du nom

Le complément du nom fait partie du groupe du nom.

■ Il est toujours placé **après le nom** qu'il détermine et, le plus souvent, il lui est relié par une **préposition** :

Le lion est le roi ***de*** (préposition) ***la*** (article) ***savane*** (compl. du nom *roi*).

■ Mais il peut aussi être simplement **juxtaposé** :

une moquette ***polyester*** (= en polyester).

2 Sens du complément du nom

■ Le complément du nom exprime, entre autres **sens** :

- le possesseur ou l'auteur : *la maison de* ***Claudine*** *; une lettre de* ***Pierre*** *;*
- le sujet de l'action : *l'arrivée des* ***coureurs*** *;*
- l'objet de l'action : *l'invention d'un* ***procédé*** *;*
- la matière : *le toit d'****ardoise*** *; une montre en* ***or*** *;*
- le but, la destination : *une trousse à* ***outils*** *; des cartes de* ***visite*** *;*
- le lieu : *la bataille d'****Angleterre*** *; le retour à* ***Toronto*** *;*
- l'origine : *le jambon d'****York*** *; du sucre de* ***betterave*** *;*
- le contenu : *la bouteille de* ***lait*** *; un verre d'****eau*** *;*
- le tout dont le nom complété n'est qu'une partie : *les doigts de la* ***main*** *; les voiles du* ***navire*** *;*
- la qualité : *le héron au long* ***bec*** *;*
- le moyen, la manière : *un coup de* ***couteau*** *; des arbres en* ***quinconce*** *;*
- la mesure, le prix : *un fossé de trois* ***mètres*** *; un livre de* ***grand prix****.*

■ Il est, le plus souvent, **introduit par** la préposition ***de***, mais il peut l'être aussi par les prépositions ***à***, ***en***, ***par***, ***pour***, etc., selon le sens :

l'obéissance ***à*** *la loi ; un éclat* ***de*** *rire ;*
le ronronnement ***du*** *chat ; la lutte* ***pour*** *la vie.*

11 LE NOM : COMPLÉMENT D'OBJET

Un nom est complément d'objet quand il indique l'être ou la chose sur lesquels s'exerce l'action exprimée par le verbe.

■ Dans la phrase *Le vent gonfle les voiles,* ***voiles*** est **complément d'obje** de ***gonfle***. Dans *Tu dois te souvenir de nos jeunes années,* ***années*** est **complément d'objet** de ***te souvenir.***

LE NOM : NATURE ET FONCTION

1 Les différents compléments d'objet

On distingue trois sortes de compléments d'objet (C.O.).

■ **Le complément d'objet direct** (C.O.D.), qui est construit san préposition :

J'ai fermé la ***fenêtre****.*
C.O.D.
de *ai fermé*

■ **Le complément d'objet indirect** (C.O.I.), qui est introduit par une préposition, en général ***à*** ou ***de*** :

Ils renoncèrent ***à*** *la* ***poursuite****.*
C.O.I.
de *renoncèrent*

Je n'ai jamais douté ***de*** *ses* ***capacités*** *: capacités* est C.O.I. de *ai douté*.

REMARQUE L'usage seul permet de connaître les verbes qui se construisen avec telle ou telle préposition : *obéir* ***à****, jouir* ***de****, échapper* ***à****, user* ***de****, nuir* ***à***, etc.

■ **Le complément d'objet second** (C.O.S.), qu'on peut rencontrer avec certains verbes qui ont déjà un complément d'objet direct ou indirect :

On a opposé un refus à ma ***demande****.*
C.O.S.
de *a opposé*

J'ai parlé de cette question à un ***spécialiste*** *: spécialiste* est C.O.S. de *ai parl*

REMARQUE On donne le nom de **complément d'attribution** à un complément d'objet second d'un verbe exprimant l'idée de donner, attribue prêter, rendre, accorder, vendre, appartenir :

Il a loué sa maison à des ***étrangers*** *: étrangers* est complément d'attribution de *a loué*.

2 La place du complément d'objet

Le nom complément d'objet se place normalement après le verbe :

*Elle avait terminé **la lecture** de ce livre.*

- Dans les **phrases interrogatives ou exclamatives,** le nom complément d'objet peut se trouver **avant le verbe** si la question, l'exclamation portent sur l'objet :

  *Quelle **route** dois-je suivre ? route*, C.O.D. de *suivre*.

  *De quelle **route** parlez-vous ? route*, C.O.I. de *parlez*.

  *Quel **bruit** vous faites ! bruit*, C.O.D. de *faites*.

- Il peut être placé **en tête de phrase** afin d'être mis en valeur, mais, dans ce cas, il est rappelé par un pronom personnel :

  *Cette **décision**, je **la** réprouve : décision* est C.O.D. de *réprouve*, comme *la*, qui représente *décision*.

12 LE NOM ATTRIBUT, L'APPOSITION ET L'APOSTROPHE

Le nom, sujet ou complément d'objet, peut être l'objet d'une qualification, d'une détermination particulière qui sont réalisées autrement qu'à l'aide d'un adjectif *(voir fiche 17)* **ou d'un complément de détermination.**

1 Le nom attribut

Un nom est attribut quand il indique la qualité donnée ou reconnue soi[t] au sujet, soit au complément d'objet, par l'intermédiaire du verbe.

L'attribut du sujet

L'attribut du sujet est introduit par un **verbe d'état** (***être***, ***paraître***, ***sembler***, etc.), par **certains verbes passifs** ou **certains verbes intransitifs** :

Tout vous est ***aquilon****, tout me semble* ***zéphyr*** (La Fontaine) : *aquilon* et *zéphyr* sont attributs de chaque sujet *tout*.

Elle a été élue ***déléguée*** : *déléguée* est attribut du sujet *elle* ;

Paul restait un ***enfant*** : *enfant* est attribut du sujet *Paul*.

L'attribut du complément d'objet

L'attribut du complément d'objet est introduit par un verbe comme ***croire***, ***estimer***, ***faire***, ***juger***, ***penser***, ***nommer***, ***rendre***, ***voir***, ***choisir***, ***élire***, ***trouver***, etc. :

Je le crois ***honnête homme*** : *honnête homme* est attribut du complément d'objet *le* ;

Le roi l'a fait ***duc*** *et* ***pair*** : *duc* et *pair* sont attributs du complément d'objet *l'*.

> **ATTENTION** L'attribut du sujet ou du C.O. peut être introduit par une préposition (***pour, en, de***) ou par une conjonction (***comme***) :
>
> *On l'a pris* ***pour*** *un* ***fou*** : *fou* est attribut du C.O. *l'* ;
>
> *Elle me traite* ***en ami*** : *ami* est attribut du C.O. *me* ;
>
> *Il est considéré* ***comme*** *un* ***savant*** : *savant* est attribut du sujet *il*.

2 Le nom mis en apposition

Un nom est mis en apposition quand il se joint (le plus souvent sans l'inter[-]médiaire d'une préposition) **à un nom – ou à un pronom** – pour en indique[r] a qualité, le définir ou le préciser. L'apposition désigne la même personne ou a même chose que le nom qu'elle complète.

▸ Le plus souvent, l'apposition est séparée du mot qu'elle complète par une pause (une virgule à l'écrit) :

Le lion, ***terreur*** *de la savane : terreur* est mis en apposition à *lion*.

Vous, les ***élèves*** *de cette classe : élèves*, apposition à *vous*.

▸ Parfois, l'apposition et le mot complété sont simplement juxtaposés, sans virgule ni pause :

Un enfant ***prodige****. Voici mon cousin* ***dentiste****.*

ATTENTION Dans des expressions comme :
La ville ***de Vancouver****, le mois* ***de juin****, le titre* ***de marquis***, les mots *Vancouver, juin, marquis* sont considérés comme des appositions de construction indirecte.

3 Le nom mis en apostrophe

Un nom est mis en apostrophe quand il désigne la personne (ou la chose personnifiée) **que l'on interpelle :**

Jeanne*, viens à table !* (*Jeanne* est mis en apostrophe) ;

Sonnez, sonnez toujours, ***clairons*** *de la pensée !* (Victor Hugo) : *clairons* est mis en apostrophe.

13 LES COMPLÉMENTS CIRCONSTANCIELS

Un nom est complément circonstanciel (C.C.) quand il indique dans quelle condition ou dans quelle circonstance s'accomplit l'action marquée par le verbe.

■ **Les compléments circonstanciels répondent aux questions : *où ? quand ? comment ? pourquoi ? combien ?,*** etc., posées après le verbe. Il existe donc des C.C. de lieu, de temps, de manière, de mesure, d'accompagnement, de privation, de cause, de but ou d'intérêt, de prix, de moyen, etc.

1 Construction des compléments circonstanciels

Le complément circonstanciel, souvent **introduit par une préposition**, peut aussi être **construit directement :**

*Elle vient cette semaine **à Paris** ; Elle marche **avec lenteur** ;*
***Depuis mardi**, je ne l'ai pas vu ; Il est parti **mardi**.*

2 Le complément circonstanciel de lieu

■ Il répond aux questions posées après le verbe : ***où ? d'où ? par où ?***

▶ Il exprime **au sens propre :**

- le lieu où l'on est : *Il réside **à Lyon** ;*
- le lieu où l'on va : *Elle se rend **à la campagne** ;*
- le lieu d'où l'on vient : *Un rat sortit **de terre** ;*
- le lieu d'où l'on s'écarte : *Elle éloigna la lampe **du livre** ;*
- le lieu par où l'on passe : *Il a sauté **par la fenêtre**.*

▶ Il peut indiquer **au sens figuré** l'origine d'une personne :

*Il est issu **de famille paysanne**.*

■ Il peut être introduit par des **prépositions** telles que :

à : *Il est arrivé **à la gare** ;*
*Il puise de **l'eau à une source** ;*
de : *Elle s'écarte **de la route** ;*
*Il est né **de parents modestes** ;*
par : *Le train passe **par la vallée** ;*
vers : *Elle marche **vers la voiture** ;*

chez : *Elle se rend **chez son ami** ;*
dans : *Entrez **dans la chambre** ;*
sur : *Mettez le **livre sur la table** ;*
sous : *Cherchez **sous le buffet** ;*
pour : *Elle a pris le train **pour Toronto** ;*
en : *Restez **en classe** ;*

et aussi ***parmi*** (avec un pluriel), ***jusqu'à***, ***contre***, etc.

ATTENTION Il peut être **construit sans préposition** (ne pas le confondre avec un C.O.D.) : *Il demeure* ***rue Victor-Hugo*** (il demeure où ?).

3 Le complément circonstanciel de temps

- Il répond aux questions : ***quand ? combien de temps ? depuis combien de temps ?***

Il exprime :

- la date de l'action : *Je prends des vacances* ***en août*** ;
- le moment de l'action : *Elle est sortie* ***à cinq heures*** ;
- la durée de l'action : *Il marcha* ***trente jours***.

- Il peut être introduit par des **prépositions** telles que :

à : ***À l'aube****, la campagne s'anime* ;
de : *Il est venu* ***de bonne heure*** ;
dans : *J'aurai terminé* ***dans un instant*** ;
en : *La neige est tombée* ***en janvier*** ;
vers : *Le vent se leva* ***vers le soir*** ;
sur : *Elle rentrera* ***sur les six heures*** ;
pour : *Elle est partie* ***pour deux jours*** ;
durant : *Je l'ai vu* ***durant mon voyage***.

ATTENTION Il peut être **construit directement, sans préposition** (ne pas le confondre avec un C.O.D.) : *Il resta un* ***mois*** *à l'étranger* (il resta combien de temps ?).

4 Les compléments circonstanciels de manière

- Ils répondent aux questions : ***comment ? de quelle façon ? par rapport à qui*** ou ***à quoi ? de quel point de vue ?***, etc. Ils expriment :

- la manière dont se fait l'action : *Elle travaille* ***avec ardeur*** ;
- le point de vue envisagé : *Elle réussit mieux* ***en mathématiques*** ;
- la comparaison : *Il est grand* ***pour son âge***.

- Ils peuvent être introduits par les **prépositions** :

à : *Elle allait* ***à grands pas*** ;
de : *Regarder* ***d'un air*** *distrait* ;
en : *Examiner la lettre* ***en silence*** ;
avec : *Elle refusa* ***avec mépris*** ;
sans : *Il le regarda* ***sans colère*** ;
pour : *Il a bien réussi,* ***pour un essai*** ;
selon : ***Selon ses dires****, il est innocent.*

- Ils peuvent être **construits directement** : *Elle marchait* ***la tête haute***.

- **Les compléments de comparaison** peuvent être introduits par le[s] conjonctions ***comme*** ou ***que*** :

Il conduisait ***comme*** *un fou.* *Elle est plus grande* ***que*** *son frère.*

REMARQUE Dans ces deux derniers cas, on peut faire de *fou* et de *frère* le[s] sujets de verbes sous-entendus : *il conduisait comme un fou* ***conduirait*** *elle est plus grande que son frère* ***n'est,*** ou, mieux encore, faire de *frère* l[e] complément du comparatif *plus grande*.

5 Les compléments circonstanciels de prix et de mesure

- Ils répondent aux questions : ***à quel prix ? combien ?*** Ils expriment :

– le prix : *Il a payé ce terrain* ***une forte somme*** ;
– la mesure : *La piste du stade mesure* ***quatre cents mètres*** ;
– le poids : *Ce paquet pèse* ***trois kilos***.

- Ils peuvent être introduits par des **prépositions** telles que :

à : *Le terrain est* ***à un prix excessif*** ;
pour : ***Pour cette somme,*** *je vous le donne* ;
de : *Le thermomètre est descendu* ***de un degré*** ;
sur : *La plage s'étend* ***sur plusieurs kilomètres***.

ATTENTION Ils peuvent être **construits directement** (ne pas les confondre avec des C.O.D.) :
Un tableau de maître se vend ***plusieurs millions*** *(se vend combien ?).*

6 Les compléments circonstanciels d'accompagnement et de privation

- Ils répondent aux questions : ***accompagné de qui*** ou ***de quoi ? avec qu[i]*** ou ***quoi ? sans être accompagné de qui*** ou ***de quoi ?*** Ils expriment :

– l'accompagnement : *Il est parti en vacances* ***avec sa mère*** ;
L'appareil est vendu ***avec ses accessoires*** ;
– la privation : *Elle est venue* ***sans son frère***.

Ils peuvent être introduits par les **prépositions :**

vec : *Elle se promène* ***avec son chien*** *; Elle est partie* ***avec des amis*** *;*

ans : *Il voyage* ***sans sa femme*** *; Il vit seul,* ***sans ressources****.*

7 Le complément circonstanciel de moyen

Il répond aux questions posées après le verbe : ***au moyen de qui*** ou ***de uoi ? en quoi*** ou ***avec quoi ? par quelle partie ?*** Il exprime :

- l'instrument : *Elle écrivit son nom* ***avec un crayon*** *;*
- la matière : *La cheminée est* ***en marbre*** *;*
- la partie du corps ou de l'objet : *Je le pris* ***par le bras*** *; Il me tira* ***par la manche****.*

Il peut être introduit par les prépositions :

à : *Tracez vos lignes* ***à la règle*** *;*

vec : *Il découpa la gravure* ***avec des ciseaux*** *;*

e : *Elle le poussa* ***de l'épaule*** *;*

ar : *Elle le saisit* ***par le cou*** *;*

n : *La cloison est faite* ***en carreaux de plâtre****.*

8 Le complément circonstanciel de cause

Il répond aux questions posées après le verbe : ***pourquoi ? pour quelle aison ? sous l'effet de quoi ?*** Il exprime :

- la cause (sens propre) : *Elle est morte* ***d'un cancer*** *;*
- le motif (sens figuré) : *Il est entré* ***par erreur****.*

Il peut être introduit par les **prépositions :**

e : *Il resta muet* ***de surprise*** *;*

ar : *Elle renversa un verre* ***par inadvertance*** *;*

our : *Il fut félicité* ***pour son succès****.*

9 Le complément circonstanciel d'opposition

Le complément d'opposition (dit aussi « de concession ») est introuit par la préposition ***malgré*** ou la locution prépositive ***en dépit de***. indique la cause qui aurait pu s'opposer à l'action exprimée par le verbe :

Elle sortit ***malgré la pluie*** *;* ***En dépit de sa tristesse****, elle souriait.*

⑩ Le complément circonstanciel de but

■ Il répond aux questions posées après le verbe : ***dans quelle intention au profit de qui ?*** ou ***contre qui*** ou ***contre quoi ?*** Il exprime :

– le but : *Tout le monde se réunit **pour le cortège**;*
– l'intérêt : *Elle travaille **pour ses enfants**;*
– l'hostilité : *Il n'a jamais rien fait **contre ses amis**.*

■ Il peut être introduit par des **prépositions** telles que :

à : *J'ai volé **à son secours**;*
pour : *Prends un savon **pour ta toilette**;*
dans : *Elle travaille **dans l'espoir de réussir**;*
contre : *Il a voté **contre cette loi**.*

⑪ Place des compléments circonstanciels

■ Les compléments circonstanciels ont en général **une place mobile dan la phrase. Ils sont ordinairement placés après le verbe et le complémen d'objet ;** s'il y a plusieurs compléments circonstanciels, on termine en général par le plus long :

*On devinait sa peur, **en ce moment, sous l'impassibilité du visage**.*

■ Toutefois, les compléments circonstanciels, en particulier **ceux de lie et de temps, peuvent se trouver avant le verbe :**

***Le mardi matin, à huit heures**, elle prit l'avion pour Toronto.*

L'ADJECTIF QUALIFICATIF : NATURE ET FONCTION

- **L'adjectif qualificatif est un mot variable, indiquant une qualité d'un être ou d'une chose (désignés par un nom ou un pronom).**
- **Il peut varier de forme selon son genre et selon son nombre : *un gentil garçon ; de petits villages ; cela est inutile*.**

1 Formation du féminin

En général, **le féminin se forme en ajoutant un *-e*** à la fin du masculin :

*un grand bureau → une grand**e** échelle ;*
*un hardi marin → une manœuvre hardi**e**.*

REMARQUE Si le masculin est terminé par un **-e**, l'adjectif ne change pas au féminin : *un large trottoir → une rue large*.

- Si le masculin est terminé par ***-gu***, le féminin est en ***-guë*** (avec tréma sur le ***-e***) :

  *un cri aigu → une pointe ai**guë**.*

- Si le masculin est terminé en ***-eau, -ou,*** le féminin est en ***-elle, -olle :***

  *un beau jouet → une **belle** gravure ;*
  *un terrain mou → une chair **molle**.*

ATTENTION ***Flou, hindou*** ont pour féminins : ***floue, hindoue.***

- Si le masculin est en ***-el***, ***-ul***, ***-l*** mouillé, le féminin est en ***-elle***, ***-ulle***, ***–ille***

  *un cruel ennemi → une farce **cruelle** ;*
  *un devoir nul → une note **nulle** ;*
  *un pareil espoir → une vie **pareille**.*

- Si le masculin est terminé par ***-ien***, ***-on***, le féminin est en ***-ienne***, ***-onne*** :

  *un château ancien → une bague **ancienne** ;*
  *un bon numéro → une **bonne** affaire.*

- Si le masculin est terminé par ***-an***, le féminin est en ***-ane*** :

  *l'esprit partisan → une querelle **partisane**.*

ATTENTION ***Paysan*** a pour féminin : ***paysanne***.
le labeur paysan → la vie paysanne.

- Si le masculin est terminé en ***-et***, le féminin est en ***-ette*** :

  *un élève muet → une douleur **muette**.*

ATTENTION Les adjectifs ***complet, désuet, discret, incomplet, indiscret, inquiet, replet, secret*** ont le féminin en ***-ète*** : *un regard inquiet → l'âme inquiè**te**.*

■ Les adjectifs masculins terminés en ***-ot*** ont le féminin en ***-ote,*** sauf ***boulot, maigriot, pâlot, sot, vieillot,*** qui doublent le ***-t-*** :

*un conte idiot → une farce **idiote** ;*
*un sot conseil → une so**tt**e réponse.*

■ Les masculins ***bas, épais, gros, faux, roux, las, exprès, métis*** ont le féminin en ***-sse*** ou ***-esse :***

*un billet faux → une pièce **fausse** ;*
*un ordre exprès → une défense **expresse**.*

■ Si le masculin est terminé en ***-er,*** le féminin est en ***-ère*** :

*le dernier mot → la **dernière** page ;*
*un air léger → une brise **légère**.*

■ Si le masculin est terminé par ***-eux, -oux, -eur,*** le féminin est en ***-euse, -ouse, -euse :***

*un garçon sérieux → une idée **sérieuse** ;*
*un enfant jaloux → une fille **jalouse** ;*
*un rire trompeur → une réponse **trompeuse**.*

ATTENTION ***Antérieur, extérieur, inférieur, intérieur, majeur, meilleur, mineur, postérieur, supérieur, ultérieur*** ont le féminin en ***-e*** : *un meilleur avis → une meill**eure** vie*.

■ Si le masculin est en ***-teur,*** le féminin est généralement en ***-trice,*** si le ***-t*** appartient au suffixe :

*un nom évocateur → une phrase **évocatrice**.*

ATTENTION Les adjectifs masculins en ***-teur*** dont le ***-t*** appartient au radical (qui apparaît à l'infinitif du verbe dont ils sont dérivés) ont en principe un féminin en ***-teuse :*** *un enfant menteur → une fillette **menteuse*** (on retrouve le *-t* dans mentir).

■ Si le masculin est terminé par un ***-f,*** le féminin est en ***-ve :***

*un froid vif → une **vive** discussion.*

Féminins irréguliers

Certains adjectifs ont un féminin irrégulier, par exemple :

adjectif masculin	terminaison du féminin	adjectif féminin
blanc ; franc	**-che**	*blanche ; franche*
frais ; sec		*fraîche ; sèche*
doux ; tiers	**-ce**	*douce ; tierce*
maître ; traître	**-esse**	*maîtresse ; traîtresse*
vengeur ; pécheur	**-eresse**	*vengeresse ; pécheresse*
bénin ; malin	**-gne**	*bénigne ; maligne*
long	**-gue**	*longue*
caduc ; turc	**-que**	*caduque ; turque*
grec	**-cque**	*grecque*
andalou	**-se**	*andalouse*
favori ; coi	**-te**	*favorite ; coite*
hébreu ; vieux	*(très irréguliers)*	*hébraïque ; vieille*

2 Formation du pluriel

■ En général, **le pluriel de l'adjectif se forme en ajoutant un *-s* au** singulier :

*un grand cahier → de grand**s** espoirs ;*
*une phrase brève → de brève**s** phrases.*

REMARQUE Si le singulier est terminé par un ***-s*** ou par un ***-x,*** l'adjectif ne change pas au pluriel : *un chat gris → des chats gris* ; *un faux nez → de faux nez.*

■ Si le singulier est terminé par ***-al,*** le pluriel est en ***-aux :***

*un tigre royal → des tigres roy**aux**.*

ATTENTION

■ ***Banal, bancal, fatal, final, glacial, natal, naval, tonal*** ont leur pluriel en ***-als*** :

*le mot final → les combats fin**als**.*

■ Les adjectifs masculins ***beau, hébreu, jumeau, manceau, nouveau, tourangeau*** ont leur pluriel terminé par un ***-x*** :

*un beau jouet → de beau**x** jouets.*

3 Place de l’adjectif qualificatif épithète

- En principe, l’adjectif épithète *(voir fiche 17)* peut se placer indifféremment **vant ou après le nom auquel il se rapporte :**

  un magnifique point de vue ; un point de vue magnifique : le sens ne change pas avec la place de *magnifique*.

ATTENTION Certains adjectifs **changent de sens** selon qu’ils précèdent ou suivent le nom :

*un **brave** homme* = un homme généreux et simple ;

*un homme **brave*** = un homme courageux.

- **En fait, la place de l’adjectif épithète obéit à un usage compliqué qui dépend en particulier du rythme de la phrase et du désir ’expressivité.**

’une façon très générale, l’adjectif placé avant le nom présente la qualité omme appartenant en propre au nom et forme avec lui comme un seul not ; placé après le nom, il indique une qualité qui distingue un être ou une hose de tous les autres désignés par le même nom :

*la **petite** maison ; l’armée **américaine**.*

- On place souvent **avant le nom :**

▸ un adjectif d’une syllabe qualifiant un nom de plusieurs syllabes : *un **long** rajet ;*

▸ un adjectif qui exprime une nuance affective *: le **malheureux** enfant.*

- On place ordinairement **après le nom :**

▸ un adjectif de plusieurs syllabes qualifiant un nom d’une syllabe : *un cholx **ifficile** ;*

▸ les adjectifs qui expriment la forme, la couleur ou l’appartenance à une atégorie : *un saladier **rond** ; une robe **rouge** ; un fonctionnaire **civil** ;*

▸ les participes passés employés comme adjectifs : *des enfants **gâtés** ;*

▸ les adjectifs suivis d’un complément : *un travail **long** à exécuter.*

15 L'ACCORD DE L'ADJECTIF

L'adjectif qualificatif, épithète, attribut ou apposition, s'accorde en genre et en nombre avec le nom ou les noms auxquels il se rapporte.

■ **Si l'adjectif qualificatif,** épithète, attribut ou apposition, **se rapporte à un seul nom,** il s'accorde en genre et en nombre avec ce nom :

un grand jardin ; une grande ferme ; de grands vases ; de grandes fleurs (adjectifs épithètes) ;

cette ferme est grande ; ces vases sont grands (adjectifs attributs).

1 Accord de l'adjectif avec plusieurs noms

■ Si l'adjectif qualificatif, épithète, attribut ou apposition, **se rapporte à deux ou plusieurs noms,** il s'accorde en genre et en nombre avec l'ensemble de ces noms : *Pierre et Jean sont gentil**s** ;*

*l'Amérique et l'Asie sont à peu près égal**es** en superficie.*

Quand les noms sont de genre différent, l'adjectif se met au masculin pluriel

*À l'équinoxe, **le** jour et **la** nuit sont **égaux**.*

■ Si l'adjectif qualificatif, épithète, attribut ou apposition, **se rapporte à deux noms singuliers coordonnés** par la conjonction ***ou***, il s'accorde tantôt avec le nom le plus rapproché, tantôt avec les deux :

*une indifférence ou un parti pris révolt**ant*** (accord avec *parti pris*) ;

*une paresse ou une négligence scandal**euses*** (accord avec les deux noms).

■ **Si deux ou plusieurs adjectifs épithètes se rapportent à un même nom singulier,** exprimé une seule fois au pluriel, ces adjectifs restent au singulier : *les langues anglais**e** et allemand**e** ; les Codes civi**l** et pén**al**.*

2 Accord de l'adjectif avec un nom suivi d'un complément

■ Si l'adjectif épithète se rapporte à **un nom suivi de son complément**, il s'accorde en genre et en nombre avec le premier ou le second, pourvu qu'il convienne par le sens à l'un comme à l'autre : *un manteau de laine **bleu*** ou *un manteau de laine bleu**e*** (*bleu* se rapporte par le sens à *manteau* aussi bien qu'à *laine*).

Dans le cas contraire, il ne s'accorde qu'avec le nom auquel il se rapporte par le sens : *un manteau de laine déchiré (déchiré* ne se rapporte par le sens qu'à *manteau).*

- Si l'adjectif épithète ou attribut se rapporte à l'expression ***une espèce de*** ou ***une sorte de***, il s'accorde avec le complément qui suit :

  *Une sorte de fou entra, furi**eux**, faisant de grands gestes ;*
  *Je vis une espèce de mendiant ass**is** sur le seuil.*

3 Accord des adjectifs composés

- Si les adjectifs composés sont **formés de deux adjectifs**, tous deux s'accordent en genre et en nombre avec le nom auquel ils se rapportent :

  un enfant sourd-muet (= sourd et muet) → *des enfants sourd**s**-muet**s**.*

- Si les adjectifs composés sont **formés d'un adjectif et d'un adverbe** (ou d'une préposition), l'adjectif s'accorde mais l'adverbe ou la préposition restent invariables :

  un enfant nouveau-né (= nouvellement né) → *des enfants nouveau-né**s** ;*
  l'avant-dernière page → *les avant-derni**ères** pages ;*
  *des pois extra-fin**s** ; des mots sous-entend**us**.*

REMARQUE ***Nouveau*** s'accorde quand le participe passé est substantivé : *les nouvea**ux** mariés, les nouv**elles** venues.*

- Si les adjectifs composés sont **formés d'un adjectif et d'un élément abrégé** terminé en ***-i*** ou ***-o***, l'adjectif seul s'accorde :

  une aventure tragi-comique → *des aventures tragi-comique**s** ;*
  une monnaie gallo-romaine → *des monnaies gallo-romain**es**.*

4 Accord des adjectifs de couleur

Les adjectifs de couleur s'accordent en genre et en nombre avec le nom auquel ils se rapportent : *le tableau noir ; les chaussures noir**es**.*

Adjectifs de couleur invariables

▸ **Les adjectifs de couleur composés,** c'est-à-dire formés de deux adjectifs ou d'un adjectif et d'un nom, restent invariables :

  *une cravate **bleu foncé** ; des gants **bleu roi**.*

▶ **Les noms employés comme adjectifs de couleur** restent invariables :

un ruban orange (de la couleur de l'orange) → *des rubans* ***orange*** *;*

une robe marron (de la couleur du marron) → *des robes* ***marron****.*

Exceptions ***Écarlate, fauve, incarnat, mauve, pourpre et rose***, indiquant une couleur, ne sont plus perçus comme des noms et s'accordent : *un tissu mauve → des tissus mauve**s** ; une soie rose → des soies rose**s**.*

5 Particularités de forme et d'accord

■ Les adjectifs ***fou, vieux, nouveau, beau, mou*** font au masculin singulier, devant une voyelle ou un ***h-*** muet, *fol, vieil, nouvel, bel, mol :*

un ***mol*** *oreiller ; un* ***bel*** *homme ; un* ***bel*** *enfant.*

■ Certains adjectifs n'ont que le masculin : *nez* ***aquilin*** *; pied* ***bot*** *; vinaigre* ***rosat****.* Certains adjectifs n'ont que le féminin : *bouche* ***bée****.*

■ L'adjectif ***grand*** reste invariable dans les noms composés féminins : ***grand****-route ;* ***grand****-mère ; à* ***grand****-peine.*
Toutefois, on écrit aussi *des grands-mères.*

■ L'adjectif ***fort*** reste invariable dans l'expression ***se faire fort :*** *Elle se fit* ***fort*** *de lui faire reconnaître son erreur.*

■ L'adjectif ***feu*** (= récemment décédé) est invariable quand il est placé avant le déterminant : *feu la reine* mais *la feu**e** reine.*

■ Les adjectifs ***excepté, passé, supposé, compris, ôté, étant donné, ci-joint, ci-inclus, attendu, vu, approuvé, nu, demi*** restent invariables quand ils sont placés devant le nom ; ils s'accordent quand ils sont placés après :

*Pass**é** huit heures* mais *huit heures pass**ées** ;*

*Une dem**i**-heure* mais *une heure et dem**ie** ;*

*Ci-join**t** deux timbres* mais *les deux timbres ci-join**ts** ;*

*N**u**-tête* mais *tête nu**e**.*

■ L'adjectif qui suit la locution verbale ***avoir l'air*** peut s'accorder avec le mot *air* ou, mieux, avec le sujet de la locution verbale :

Elle a l'air ***doux*** *ou Elle a l'air dou**ce**.*

■ Les adjectifs employés comme **adverbes** ou **prépositions** restent invariables

Ces roses sentent ***bon****. La pluie tombe* ***dru****. Des fleurs* ***plein*** *les vases.*

Exceptions *Des fleurs fraî**ches** écloses ; des yeux grand**s** ouverts ; une porte grand**e** ouverte.*

16 LES DEGRÉS DE SIGNIFICATION DE L'ADJECTIF

L'adjectif qualificatif peut exprimer simplement une qualité d'un être ou d'une chose. On dit alors qu'il est au positif.

Dans certains emplois, il permet d'établir des degrés ou bien des comparaisons entre des êtres ou des choses : c'est ce qu'on appelle les degrés de signification.

1 Le comparatif

Si l'être ou la chose possède une qualité (= une manière d'être) à un cer-ain degré, inférieur, égal ou supérieur par rapport aux autres de la même ›spèce, on emploie **le comparatif :**

- le comparatif de **supériorité,** formé avec l'adverbe ***plus*** :
  *Pierre est **plus** prudent que Paule ;*
- le comparatif d'**égalité,** formé avec l'adverbe ***aussi*** (ou ***si*** dans une pro-›osition négative) :
  *Pierre est **aussi** aimable que Paule ; Pierre n'est pas **si** habile que Paule ;*
- le comparatif d'**infériorité,** formé avec l'adverbe ***moins*** :
  *Pierre est **moins** vif que Paule.*

2 Le superlatif relatif

Si l'être ou la chose possède une qualité (= une manière d'être) à un de-ıré plus ou moins élevé que tous les autres du même genre, on emploie **le uperlatif relatif :**

- le superlatif relatif de **supériorité,** formé avec l'adverbe ***le plus, le mieux*** :
  *Paule est **la plus** sage des élèves. Jean est **le mieux** logé de nous tous ;*
- le superlatif relatif d'**infériorité,** formé avec l'adverbe ***le moins*** :
  *Paule est **la moins** sage des élèves.*

3 Le superlatif absolu

Si l'on veut exprimer que l'être ou la chose possède une qualité (= une ıanière d'être) à un degré très élevé, on emploie **le superlatif absolu :**

- un superlatif absolu formé avec un **adverbe** comme ***très, fort, bien,*** etc. :
  *Marie est **très** sage ; Jacques est **fort** désagréable ;*
- un superlatif absolu formé avec un **préfixe** : ***archi-, sur-, extra-, ultra-, uper-, hyper-*** :
  *une salle **archicomble** ; une réputation **surfaite** ; des petits pois **extra fins** ;*

▶ un superlatif absolu formé avec le **suffixe *-issime*** :

*un timbre **rarissime** ; un homme **richissime**.*

4 Comparatifs et superlatifs irréguliers

Certains comparatifs et superlatifs ont une formation irrégulière.

positif	comparatif	superlatif relatif
bon	*meilleur*	*le meilleur*
petit	*moindre, plus petit*	*le moindre, le plus petit*
mauvais	*pire, plus mauvais*	*le pire, le plus mauvais*

REMARQUE Le français utilise des formes issues de mots latins qui étaien[t] des comparatifs et qui ont le sens d'un adjectif ordinaire ou celui d'un su[-]perlatif. C'est le cas de ***supérieur, inférieur, intérieur, extérieur, ultérieu[r], antérieur, postérieur*** : *une situation **inférieure** ; du chocolat **supérieur**.*

5 L'article devant le superlatif relatif

■ **L'article n'est pas exprimé** devant le superlatif relatif quand celui-ci es[t] précédé d'un adjectif possessif ou de la préposition ***de*** :

*C'est **mon plus beau** costume. Ce qu'il y a **de plus étonnant**.*

■ Quand plusieurs superlatifs se rapportent à un même nom, **on répèt[e] l'article** devant chacun d'eux :

*La nouvelle **la** plus étonnante, **la** plus incroyable qu'on ait apprise.*

■ Dans les expressions ***le plus, le moins, le mieux*** (superlatifs d'adverbes[)], **l'article peut rester invariable** devant un adjectif au féminin ou au plurie[l] si l'on compare entre eux les différents degrés d'une même qualité chez u[n] ou plusieurs êtres :

*C'est le matin que la rose est **le** plus **belle** ;*

*C'est en été que les orages sont **le** plus fréquent**s**.*

Mais, si l'on compare un ou plusieurs êtres (ou choses) à tous ceux qui ont [la] même qualité, **l'article est variable :**

*La rose est **la** plus belle des fleurs ;*

*Les questions qui paraissent **les** plus simples.*

■ Si l'adjectif est employé comme adverbe, **l'article reste invariable :**

*Ce sont ces fleurs qui coûtent **le** plus cher.*

17 LES FONCTIONS DE L'ADJECTIF

Quand il n'est pas employé comme adverbe *(voir fiche 15)* **ou comme nom (par exemple : *le bleu du ciel*), l'adjectif qualificatif peut avoir trois fonctions.**
Il peut être épithète ou apposition dans le groupe du nom, ou attribut dans le groupe du verbe. Il peut aussi avoir un complément.

1 Adjectif épithète

- **L'adjectif qualificatif est épithète quand,** placé à côté d'un nom dont il indique une qualité, il forme un tout avec lui :

  *une **jeune** informaticienne : jeune* est épithète de *informaticienne.*

- L'adjectif épithète peut être introduit, après certains pronoms indéfinis, par la préposition ***de*** :

  *Il avait sur son visage quelque chose **de grave** : grave*, épithète de *quelque chose.*

2 Adjectif apposition

- **L'adjectif qualificatif est apposition quand,** placé auprès d'un nom ou d'un pronom dont il indique une qualité, il en est séparé par une pause à l'oral ou par une virgule à l'écrit :

  ***Jeune**, elle marchait d'un pas vif : jeune*, apposition du sujet *elle* ;
  *Je vis certains, **inquiets**, qui s'agitaient : inquiets*, apposition du C.O.D. *certains.*

3 Adjectif attribut

L'attribut du sujet

- **L'adjectif qualificatif est attribut du sujet quand,** relié au nom ou au pronom par un verbe, il exprime une qualité reconnue ou attribuée au sujet et qu'il ne fait donc pas corps avec ce sujet. On le rencontre avec :

- **les verbes d'état** : *Perrette **était jeune*** (*jeune* : attribut du sujet *Perrette*) ; *Petit poisson **deviendra grand*** (*grand* : attribut du sujet *poisson*) ;
- certains verbes à la **voix passive** : *Il **fut rendu prudent** par son accident* (*prudent* : attribut du sujet *il*) ;
- certains **verbes intransitifs** : *Nous **vivions tranquilles*** (*tranquilles* : attribut du sujet *nous*).

L'attribut du complément d'objet

■ **L'adjectif qualificatif est attribut du complément d'objet quand** il représente une qualité que le sujet reconnaît ou attribue au complément d'objet.

▶ On le trouve avec les verbes ***faire, rendre, juger, estimer, déclarer,*** etc. :

*Je le **crois sincère** : sincère*, attribut du C.O.D. *le* ;

*Il **estime** cet enfant **capable** : capable*, attribut du C.O.D. *enfant*.

ATTENTION L'adjectif attribut du sujet ou de l'objet peut être introduit par les prépositions ***en, pour, à, de,*** et par la conjonction ***comme*** :

*Pierre agit **en ingrat** : ingrat*, attribut du sujet *Pierre* ;

*Je le considère **comme fou** : fou*, attribut du C.O.D. *le*.

4 Le complément de l'adjectif

Le complément de détermination

■ **Un nom est complément de détermination d'un adjectif quand**, placé auprès de cet adjectif, il en précise le sens :

*ce bol **plein de lait** : lait* est complément de l'adjectif *plein*.

■ Il peut être introduit par les prépositions ***de, à, envers, en,*** etc. :

*L'alcool est nuisible **à la santé** : santé*, compl. de l'adj. *nuisible ;*

*Elle est loyale **envers ses amis** : amis*, compl. de l'adj. *loyale* ;

*Elle est forte **en mathématiques** : mathématiques*, compl. de l'adj. *forte*.

■ Un même mot peut être **complément de plusieurs adjectifs coordonnés ou juxtaposés,** à condition que ces divers adjectifs admettent tous la même construction : *Il est **heureux** et **fier de son succès**.*

Mais on dira : *Il est très **sensible à vos compliments** et il **en est fier**.*

Les compléments du comparatif et du superlatif

L'adjectif au **comparatif** et au **superlatif relatif** est ordinairement suivi d'un complément :

*On a souvent besoin d'un **plus petit** que **soi*** (La Fontaine) : *soi* est complément du comparatif *plus petit* ;

*L'absence est **le plus grand** des **maux*** (La Fontaine) : *maux* est complément du superlatif *le plus grand*.

LES DÉTERMINANTS DU NOM ET LES PRONOMS

- **Le déterminant est un des éléments du groupe du nom. Il peut appartenir à différentes classes grammaticales, mais il accompagne presque toujours le nom.**
- **Les pronoms, eux, sont ordinairement employés pour remplacer un groupe du nom ou pour désigner les personnes qui participent à la communication.**

1 Les déterminants du nom

■ En règle générale, un nom s'emploie précédé d'un **petit mot** comme ***le, un, ce,*** etc., qu'on appelle un **déterminant**. Son rôle est de définir et de préciser le nom. On distingue **six classes de déterminants :**

- les articles : *le, un, du,* etc. ;
- les démonstratifs : *ce, cette,* etc. ;
- les possessifs : *mon, ton, son,* etc. ;
- l'interrogatif et exclamatif : *quel ;*
- les numéraux : *deux, trois, quatre,* etc. ;
- les indéfinis : *quelques, chaque, plusieurs,* etc.

Absence du déterminant

Dans quelques cas, **le déterminant n'est pas exprimé :**

- avec certains noms propres : *Marie, Paul, Marseille ;*
- dans diverses locutions : *faire **attention**, prendre **racine** ;*
- avec des appositions ou des noms attributs : *Louis XIV, **roi** de France. Son frère est **médecin** ;*
- avec des noms compléments précédés d'une préposition : *un collier de **perles** ; arriver en **voiture** ;*
- dans des proverbes, des phrases sentencieuses : ***Comparaison** n'est pas **raison**.*

2 Les pronoms

■ **Les pronoms jouent le rôle des groupes du nom,** auxquels ils se substituent pour les rappeler, les préciser, les anticiper, etc. Ils ont toutes les fonctions syntaxiques du nom. On distingue **différents types de pronoms :**

- personnels : *il, elle, eux, se, le, la, lui,* etc. ;
- possessifs : *le mien, le tien, le sien,* etc. ;
- démonstratifs : *ce, ceci, cela, ceux-ci,* etc. ;
- relatifs : *qui, que, lequel,* etc. ;
- interrogatifs et exclamatifs : *qui, quoi,* etc. ;
- indéfinis : *aucun, nul, chacun,* etc.

3 Ressemblances entre déterminants et pronoms

Les pronoms présentent des analogies avec les déterminants :

- **pronoms et adjectifs indéfinis** ont des formes semblables :
  aucun, nul, quelque, certain, etc. ;
- **pronoms et adjectifs possessifs, pronoms et adjectifs démonstratifs** ont étroitement liés par leur forme :
  notre (adjectif = déterminant)/ *le nôtre* (pronom) ; *mien* (adjectif = déterminant)/ *le mien* (pronom) ;
  ce peut être déterminant ou pronom ;
- **pronoms personnels et articles** ont parfois des formes identiques :
  le, la, les.

Ces similitudes soulignent le rapport étroit qui existe entre le groupe du nom, comportant un déterminant, et le pronom, substitut du groupe du nom.

19 L'ARTICLE

L'article est le plus courant des déterminants.
C'est un petit mot variable qui accompagne le nom, en indique le genre et le nombre, et lui donne une détermination plus ou moins précise.
On distingue : l'article défini, l'article indéfini et l'article partitif.

1 Les formes de l'article

■ L'article peut avoir trois formes : **normale, élidée** ou **contractée.**

▶ **Les formes élidées** s'emploient devant les mots singuliers commençant par une voyelle ou un ***h***- muet.

▶ **Les formes contractées** sont le résultat de la contraction des prépositions ***de*** et ***à*** et de l'article défini ***le*** ou ***les***.

	singulier		pluriel	
article	**masculin**	**féminin**	**masculin**	**féminin**
défini normal	***le** monde*	***la** terre*	***les** astres*	***les** planètes*
défini élidé	***l'**univers ;* ***l'h**orizon*	***l'**aurore ;* ***l'h**abileté*		
défini contracté	***au** monde* (à + le) ***du** monde* (de + le)	*à **la** terre* *de **la** terre*	***aux** hommes* (à + les) ***des** cieux* (de + les)	***aux** femmes* (à + les) ***des** femmes* (de + les)
indéfini	***un** monde*	***une** terre*	***des** mondes*	***des** terres*
partitif	*boire **du** thé*	*boire **de la** tisane*	*manger **des** épinards*	*manger **des** confitures*

■ **Lorsque deux ou plusieurs noms sont coordonnés,** l'article est répété devant chaque nom :

*On apercevait **les** toits et **les** cheminées des premières maisons.*

Exceptions L'article n'est pas répété :
– dans quelques expressions toutes faites : ***les** us et coutumes ;* ***les** pertes et profits ;*
– lorsque les deux noms sont coordonnés par ***ou*** explicatif : ***les** Trifluviens, **ou** habitants de Trois-Rivières.*

2 L'article défini et ses emplois

■ **L'article défini détermine de façon précise le nom qu'il introduit :**

*Répétez **la** phrase que vous venez de lire* (*la* précise le nom *phrase* en indiquant qu'il s'agit de celle que vous venez de lire).

Il peut avoir aussi le sens :

- ▶ d'un adjectif démonstratif : *J'arrive à **l'**instant* (= à cet instant) ;
- ▶ d'un adjectif possessif : *J'ai mal à **la** tête* (= à ma tête) ;
- ▶ d'un adjectif indéfini : *Tissu à cinq euros **le** mètre* (= chaque mètre).

■ **L'article défini n'est pas exprimé devant** les **noms propres** de personne ou de ville, sauf si ces noms incluent l'article *(La Rochelle)*, mais il l'est devant les **noms de peuples, de pays et de fleuves :**

Duval, Québec, Genève mais ***les** Américains, **le** Mexique, **la** Seine.*

Toutefois, on emploie l'article **devant les noms désignant :**

- ▶ les familles : ***les** Valois ; **les** Bourbons ;*
- ▶ les œuvres d'un artiste : ***les** Manets ; **les** Renoirs ;*
- ▶ les noms de personne accompagnés d'un adjectif : ***l'**odieux Tartuffe ; **le** pauvre Pierre ;*
- ▶ les personnes méprisées : ***la** Du Barry ; **la** Brinvilliers ;*
- ▶ les personnes admirées : ***les** Corneille ; **les** Sévigné ;*
- ▶ les artistes (autrefois) : ***la** Champmeslé ; **la** Callas.*

■ **L'article défini,** comme les autres déterminants, **peut être omis s'il s'agit de :**

- ▶ noms en apposition : *Ottawa, capitale du Canada ;*
- ▶ compléments de matière : *une statue de marbre ;*
- ▶ locutions verbales : *Il prit soin de lui ;*
- ▶ locutions toutes faites : *Elle est nu-pieds ; à vol d'oiseau ;*
- ▶ proverbes : *À bon chat, bon rat ;*
- ▶ adresses : *Elle habite rue Victor-Hugo ;*
- ▶ titres d'ouvrages : *Histoire de France ;*

▶ énumérations : *Femmes, moine, vieillards, tout était descendu* (La Fontaine).

ATTENTION **Les noms de pays féminins** ne sont pas accompagnés de l'article quand ils sont précédés des prépositions ***à, de, en* :**

*Elle habite **à** Chypre. Elle revient **de** Tunisie. Elles vont **en** Chine.*

3 L'article indéfini et ses emplois

■ **L'article indéfini introduit un nom** en le présentant comme distinct des autres de la même espèce, mais sans apporter plus de précision. Au pluriel, il marque aussi **un nombre indéterminé :**

__Un__ homme est là qui vous attend. *Il y a **des** cerises cette année.*

L'article indéfini peut avoir aussi la valeur :

▶ de l'adjectif indéfini ***quelque*** : *On le crut pendant **un** temps ;*

▶ de mépris, de respect : *Les critiques d'**un** Durand ne me troublent pas ; Écoutez la prière d'**une** mère.*

■ **L'article indéfini est omis devant :**

▶ un nom attribut (parfois) : *Elle devint ingénieur ;*

▶ un nom construit avec une préposition (parfois) : *Elle est partie en voiture ; par endroits ;*

▶ les phrases impersonnelles : *C'est dommage ;*

▶ dans des locutions verbales : *faire grâce ; avoir recours.*

■ **Souvent, l'article n'est pas exprimé** après les prépositions ***avec*** ou ***sans***, en particulier quand il s'agit de noms abstraits :

*Il travaille **avec** peine.* *Elles trouvèrent **sans** difficulté.*

4 L'article partitif et ses emplois

■ **L'article partitif est employé devant les noms de choses pour indiquer une quantité indéterminée :**

*Il boit **du** jus de fruit.* *Il vend **de la** soie.* *Elle mange **des** confitures.*

ATTENTION Le sens partitif est rare dans ***des***, qui est généralement un indéfini (pluriel de ***un***).

La préposition *de* est employée seule, au lieu de l'article partitif ou indéfini :

- après un adverbe de quantité (***trop, peu, beaucoup,*** etc.) : *J'ai **peu de** temps devant moi ; J'ai **trop de** travail ;*
  sauf dans l'expression ***bien des...*** : ***Bien des*** *gens disent...* (*des* est ici article partitif) ;
- après un verbe de forme négative : *Elle ne boit pas **de** lait ;*
- devant un nom pluriel précédé d'un adjectif : *Elle nous a servi **de beaux** fruit**s**.*

20 LES ADJECTIFS NUMÉRAUX

Les adjectifs numéraux désignent le nombre ou le rang précis des êtres ou des choses qu'ils déterminent ou qu'ils qualifient.

■ **Les adjectifs numéraux cardinaux** indiquent un nombre précis : *une ville de trois cent mille habitants.*

Les adjectifs numéraux ordinaux indiquent un rang précis dans un ensemble ordonné : *Elle habite au troisième étage.*

1 Les formes des adjectifs numéraux

Les cardinaux

Les adjectifs numéraux cardinaux peuvent être :

▸ des mots simples : *un, deux, trois, quatre, cinq, quatorze, quinze, trente, cent, mille,* etc.

▸ des mots composés, soit par addition : *dix-huit ; vingt et un ;* soit par multiplication : *quatre-vingts ; deux cents.*

L'usage veut que l'on mette un **trait d'union** dans tous les noms de nombre composés inférieurs à ***cent*** qui ne sont pas liés par la conjonction ***et*** :

Vingt-deux mais *vingt et un, trois cents.*

Les ordinaux

Les adjectifs numéraux ordinaux sont :

▸ des mots formés avec le suffixe ***-ième*** à partir des cardinaux simples ou composés : *trois**ième**, mill**ième**, vingt et un**ième**, trente-deux**ième**, trois cent**ième*** (le suffixe ***-ième*** ne s'ajoute qu'au dernier des adjectifs composants) ;

▸ des mots particuliers : *premier, second.*

ATTENTION **Les adjectifs numéraux ordinaux jouent le rôle d'adjectifs qualificatifs ;** ce ne sont pas des déterminants ; ils sont donc généralement employés avec un article, un démonstratif, un possessif, etc. :

*C'est la **première** fois que je la vois ; Donne-lui une **deuxième** chance.*

2 L'accord des adjectifs numéraux

Les cardinaux

Les adjectifs numéraux cardinaux sont invariables :

trente-quatre *lignes ; page* ***cent huit*** *;* ***deux mille*** *soldats.*

Exceptions

- ***Un*** fait ***une*** au féminin : *vingt et **une** pages.*

- ***Vingt*** et ***cent*** prennent la marque du pluriel quand, multipliés par un autre adjectif numéral, ils forment le deuxième terme d'un adjectif numéral composé : *quatre-vingt**s** ; deux cent**s*** ; mais il est d'usage de ne pas mettre de ***-s*** s'ils sont suivis d'un autre adjectif numéral : *deux cen**t un**, quatre-ving**t-deux**.*

Les ordinaux

.es adjectifs numéraux ordinaux varient en genre et en nombre avec le ıom auquel ils se rapportent : *les première**s** pages d'un livre.*

3 Emplois particuliers

L'adjectif numéral cardinal s'emploie souvent avec **le sens ordinal** (dans :e cas, il reste toujours invariable), pour indiquer :

- le jour, l'heure, l'année : *le **quinze** janvier **mille neuf cent deux** à **huit** eures* (les millésimes sont parfois écrits ***mil** : mil neuf cent*) ;
- le rang d'un souverain, d'un prince : *Charles **huit*** (on écrit généralement Charles VIII, en chiffres romains), mais on dit : *François **premier*** (écrit rançois Ier) ;
- le numéro d'une maison, d'une page : *au trente, rue Mozart ; page uatre-vingt.*

L'adjectif numéral cardinal ou ordinal peut indiquer **une grandeur imrécise** : *Attendez deux minutes. C'est la centième fois que je te le dis !*

4 Les noms de nombre

Les noms de nombre sont :

- des adjectifs numéraux employés comme noms : *Deux et deux font quatre. e ne répéterai pas le centième de ce qu'il m'a dit ;*
- des noms multiplicatifs employés comme adjectifs qualificatifs : *le simple, double, le triple ; un triple saut, une double page ;*
- des noms formés avec le suffixe ***-aine*** indiquant une quantité plus ou ıoins précise : *une **vingtaine** de badauds ; une **douzaine** d'œufs ;*
- des noms formés avec le suffixe ***-ain*** indiquant la quantité de vers dans ne strophe : *Un sonnet comprend deux **quatrains** et deux tercets ;*
- des noms indiquant une fraction : *Payez le **tiers** de vos impôts.*

21 LES ADJECTIFS ET PRONOMS POSSESSIFS

Les adjectifs possessifs indiquent qu'un être ou une chose appartiennent à un être ou à une chose, ou sont en rapport avec cet être ou cette chose. Ils se rapportent à l'être ou à l'objet *possédé*, avec lequel ils s'accordent :

Il a vendu sa maison (= la maison qui lui appartenait, *sa* est féminin comme *maison*).

Les pronoms possessifs représentent un nom, mais ajoutent une idée de possession, de référence à un être ou à une chose :

Mon devoir d'algèbre est plus difficile que le tien (le tien = ton devoir).

1 Les formes de l'adjectif possessif

Les formes de l'adjectif possessif varient avec le genre et le nombre d l'objet ou de l'être « possédé » et avec la personne du « possesseur » :

*J'apporte **mon** livre* (1re pers.).

***Elles** apportent **leurs** livres* (3e pers.).

	un possesseur		**plusieurs possesseurs**	
personne et genre	**un objet ou être**	**plusieurs objets ou êtres**	**un objet ou être**	**plusieurs objets ou êtres**
1re pers. masc.	***mon** livre*	***mes** livres*	***notre** livre*	***nos** livres*
fém.	***ma** chienne*	***mes** chiennes*	***notre** chienne*	***nos** chiennes*
2e pers. masc.	***ton** livre*	***tes** livres*	***votre** livre*	***vos** livres*
fém.	***ta** chienne*	***tes** chiennes*	***votre** chienne*	***vos** chiennes*
3e pers. masc.	***son** livre*	***ses** livres*	***leur** livre*	***leurs** livres*
fém.	***sa** chienne*	***ses** chiennes*	***leur** chienne*	***leurs** chiennes*

ATTENTION Devant les noms féminins commençant par une voyelle ou un ***h-*** muet, on emploie les adjectifs ***mon, ton, son,*** au lieu de *ma, ta, sa* :

***Sa** grande fille me renseigna* → ***Son** aimable fille me renseigna.*

REMARQUE Les formes ***mien, tien, sien, nôtre, vôtre, leur*** s'emploient pa fois comme épithètes, ou comme attributs d'un sujet ou d'un complémen d'objet :

*Un **mien** cousin est venu me voir ;*

*Cette opinion est **mienne** ;*

*Ils ont déclaré faire **leurs** ces revendications.*

2 Les sens de l'adjectif possessif

L'adjectif possessif peut signifier :

- la possession : ***Mes*** *cahiers sont sur mon bureau ;*
- l'origine : ***Mon*** *pays est là-bas près de la mer ;*
- le sujet de l'action : ***Sa*** *faute est de ne pas avouer ;*
- l'objet de l'action : *À* ***ma*** *vue elle se tait* (en me voyant) ;
- la répétition, l'habitude : *Elle a raté* ***son*** *train. Prenez-vous* ***votre*** *café ?*
- l'affection, l'intérêt : ***Notre*** *Jean-Claude est tout heureux ;*
- le mépris, l'ironie : *Cela sent* ***son*** *escroc.*

3 Particularités de l'adjectif possessif

L'adjectif possessif est remplacé par l'article défini quand il s'agit de oms de parties du corps ou de vêtements et que le possesseur est claire-ıent désigné :

Elle a levé ***le*** *bras. Il a mal à* ***la*** *tête. Il le saisit par* ***la*** *ceinture.*

Quand le possesseur est le pronom indéfini ***on***, l'adjectif possessif est ***on, sa, ses***. Lorsque ***on*** signifie ***nous*** ou ***vous***, l'adjectif possessif est ***notre, otre, nos, vos*** (style familier) :

On *a le droit d'avoir* ***son*** *opinion.* ***On*** *ne voit plus* ***nos*** *amies.*

Quand le possesseur est le pronom indéfini ***chacun***, l'adjectif possessif st régulièrement ***son, sa, ses,*** mais il peut être ***leur*** ou ***leurs*** quand ***chacun*** st précédé d'un nom pluriel :

Chacun tenait ***son*** *livre. Les élèves ont chacun* ***son*** ou ***leur*** *crayon.*

L'adjectif possessif peut être remplacé par le pronom personnel ***en*** ıuand le possesseur est un nom de chose et qu'il ne se trouve pas dans la ıême proposition que l'objet possédé :

La ***maison*** *était fermée, mais j'****en*** *avais les clefs* (les clefs de la maison).

4 Les formes et les fonctions des pronoms possessifs

Les pronoms possessifs sont formés à l'aide de l'article défini et d'un ad-ectif possessif. Ils varient en genre, en nombre et en personne.

	un possesseur		**plusieurs possesseurs**	
personne et genre	**un objet ou être**	**plusieurs objets ou êtres**	**un objet ou être**	**plusieurs objets ou êtres**
1re pers. masc.	*le mien*	*les miens*	*le nôtre*	*les nôtres*
fém.	*la mienne*	*les miennes*	*la nôtre*	*les nôtres*
2e pers. masc.	*le tien*	*les tiens*	*le vôtre*	*les vôtres*
fém.	*la tienne*	*les tiennes*	*la vôtre*	*les vôtres*
3e pers. masc.	*le sien*	*les siens*	*le leur*	*les leurs*
fém.	*la sienne*	*les siennes*	*la leur*	*les leurs*

■ Comme tout pronom, **les pronoms possessifs ont les fonctions d[e] nom :**

Je ne trouve pas ta brosse à dents ; je ne vois que la ***mienne*** (= ma bross[e] à dents).
c.o.d. de *vois*

22 LES ADJECTIFS ET PRONOMS DÉMONSTRATIFS

Les adjectifs démonstratifs, qui sont des déterminants, servent à montrer, à désigner les êtres ou les objets :

Cette pendule retarde.

Les pronoms démonstratifs représentent un groupe du nom. Ils le reprennent en le désignant précisément :

Je voudrais changer d'appartement car celui-ci est trop petit.

1 Les formes des adjectifs démonstratifs

■ **Les adjectifs démonstratifs s'accordent en genre et en nombre avec e nom** auquel ils se rapportent et qu'ils déterminent : *La foudre a frappé **ce** rand **chêne**.*

s sont de forme simple ou de forme renforcée.

▸ Les **formes simples** sont :

nombre	masculin	féminin
singulier forme simple	***ce*** *mur* ; ***ce*** *hérisson* (devant consonne et **h-** aspiré) ***cet*** *arbre* ; ***cet*** *homme* (devant voyelle et **h-** muet)	***cette*** *ardeur* ; ***cette*** *histoire* ; ***cette*** *honte*
pluriel forme simple	***ces*** *murs* ; ***ces*** *héros*	***ces*** *tables* ; ***ces*** *huîtres*

▸ Les **formes renforcées** sont construites avec les adverbes de lieu ***ci*** et ***là*** lacés après le nom auquel ils sont liés par un trait d'union.

· ***Ci*** marque la proximité : ***cette*** *voiture-**ci*** ; ***ce*** *lieu-**ci*** ; ***cet*** *arbre-**ci***.

· ***Là*** marque parfois l'éloignement. Il s'emploie souvent comme simple particule de renforcement du démonstratif, sans valeur particulière : ***cet*** *arbre-**là*** ; ***e*** *livre-**là***.

REMARQUE Employés ensemble, ils peuvent indiquer la distinction entre deux objets : *Je prendrai **ce** bracelet-**ci** et **cette** montre-**là**.*

2 Les emplois particuliers des adjectifs démonstratifs

■ Les adjectifs démonstratifs indiquent aussi :

▸ l'être ou la chose dont on va parler ou dont on vient de parler :

*Il n'avait guère le temps, disait-il. **Cette** réponse ne satisfit personne ;*

- le temps où l'on vit ou les circonstances présentes :
  Cette année, l'hiver a été rude. J'ai été malade ce mois-ci ;
- le mépris (emploi péjoratif) : *Que me veut **cet** individu ?*
- l'admiration (emploi laudatif) :
  *Mon père, **ce** héros au sourire si doux...* (Victor Hugo) ;
- l'étonnement ou l'indignation :
  *Tu me demandes si j'accepte ? **Cette** question !*

3 Les formes des pronoms démonstratifs

■ **Les pronoms démonstratifs sont de forme simple ou renforcée** pa[r] les adverbes ***-ci*** et ***-là,*** comme les adjectifs démonstratifs.

La **forme élidée *c'*** s'emploie surtout devant les formes du verbe *être* com[-]mençant par une voyelle.

nombre	masculin	féminin	neutre
singulier simple	*celui*	*celle*	*ce/c'*
singulier renforcé	*celui-ci ; celui-là*	*celle-ci ; celle-là*	*ceci ; cela ; ça*
pluriel simple	*ceux*	*celles*	
pluriel renforcé	*ceux-ci ; ceux-là*	*celles-ci ; celles-là*	

REMARQUES

1. Comme pour les adjectifs, les **formes renforcées** servent à indiquer l[a] proximité (***-ci***) ou l'éloignement (***-là***), ou à distinguer deux objets ou deu[x] personnes : *Choisissez une cravate : **celle-ci** est fort jolie ; **celle-là** est plu[s] simple.*

2. Les **pronoms démonstratifs neutres** désignent une chose, une idé[e], une qualité. Ils peuvent représenter une proposition ou un adjectif : *Je par[-]tirai la semaine prochaine pour Zurich ; **cela** est décidé depuis longtemps.*

3. La forme ***ça*** appartient à la langue familière.

4 Les emplois particuliers des pronoms démonstratif[s]

■ **Les formes simples *celui, celle, ceux*** et ***celles*** ne s'emploient pas seule[s] ; elles doivent être accompagnées d'un nom complément ou d'un pronom relati[f].

*Il a dépensé toutes ses économies et **celles de son ami**.*
*Elle a remercié **ceux qui** lui avaient rendu service.*

Les formes renforcées et le pronom neutre *ce* peuvent s'employer ›uls, sans complément ni relatif :

*Prenez donc **celui-ci** !* *__Ce__ serait un scandale.* *Sur **ce**, je vous quitte.*

Le pronom neutre *ce*

Le pronom neutre ***ce*** s'emploie comme sujet du verbe *être* ou comme an›cédent du relatif :

*Il pleut, **c'**est bon pour les plantes.* *C'est **ce** que je voulais vous dire.*

ATTENTION Il ne faut pas confondre ***ce*** antécédent du relatif avec ***ce que*** introduisant une interrogative indirecte :
*Dis-moi **ce que** tu veux.* (= Que veux-tu ? Dis-le moi.)

Le pronom neutre ***ce*** forme avec le verbe *être* une locution démonstrative ans laquelle le verbe peut s'accorder en nombre avec le sujet réel (***ce*** étant ıjet apparent) :

Ce sont ou ***c'est*** *des faux billets.* ***Ce sont*** *eux* ou ***c'est*** *eux.*

accord au pluriel est plus fréquent dans la langue écrite ou dans la langue arlée surveillée que dans la langue familière.

ATTENTION Il faut distinguer ***ce*** sujet apparent de ***ce*** sujet réel :
*C'est bien la **route**.*
C' : sujet réel — route : attribut du sujet *c'*

*C'est un plaisir de l'**entendre*** : *c'*, sujet apparent ; *entendre*, sujet réel (= l'entendre est un plaisir).

La locution ***c'est*** suivie d'une des formes du pronom relatif ou de la ›njonction ***que*** sert à former les gallicismes ***c'est... qui, c'est... que,*** qui ermettent de mettre en relief en tête de phrase un mot ou un groupe de ›ots :

C'est *Jeanne **qui** a gagné ;* ***C'est*** (ou *ce sont*) *elles **qui** se trompent ;*
C'est *sérieusement **que** je vous le propose ;*
C'est *parce que j'étais dans mon tort **que** je n'ai rien répondu.*

Les fonctions du pronom démonstratif

Comme tout pronom, **le pronom démonstratif a toutes les fonctions ›u nom :**

sujet : ***Celui*** *qui donnera un renseignement sur le disparu sera récompensé* *›elui* : sujet de *sera récompensé*) ;

- attribut : *Ses sentiments n'étaient pas* ***ceux*** *d'un ingrat* (*ceux* : attribut du sujet *sentiments*) ;
- complément d'objet direct : *Elle regarda longuement* ***celui*** *qui s'avança* (*celui* : complément d'objet direct de *regarda*) ;
- complément d'objet indirect et complément d'attribution : *Je laisse ce so à* ***celles*** *qui suivront* (*celles* : complément d'attribution de *laisse*) ;
- complément circonstanciel et complément d'agent : *J'ai été retenu par* ***celui*** *dont je t'avais parlé* (*celui* : complément d'agent de *ai été retenu*) ;
- complément du nom : *J'ignore la cause de tout* ***ceci*** (*ceci* : complément du nom *cause*) ;
- complément de l'adjectif : *Ce malheur est-il comparable à* ***celui*** *qu'a provoqué l'inondation ?* (*celui* : complément de l'adjectif *comparable*).

23 LES PRONOMS PERSONNELS : GÉNÉRALITÉS

Le pronom personnel désigne celui, celle, ceux ou celles qui parlent (1re personne : *Je reçois*), à qui l'on parle (2e personne : *Vous recevez*) ; celui, celle, ceux, celles ou ce dont on parle (3e personne : *Elle reçoit, ils reçoivent*).

1 Le genre des pronoms personnels

■ Les pronoms personnels peuvent être du **masculin** ou du **féminin**, comme les noms qu'ils représentent ; mais **seule la 3e personne a des formes différentes au masculin et au féminin :**

Il répond (masculin) → *Elle répond* (féminin) ;
Je suis surpris (masculin) → *Je suis surprise* (féminin).

REMARQUE

1. Le pronom de la 3e personne peut remplacer un nom déjà exprimé :
Le voyageur ouvrit son portefeuille, il chercha quelques instants et tendit son ticket (*il* représente *le voyageur*).

2. Le pronom de la 3e personne peut être du genre neutre quand il remplace un adjectif ou toute une proposition :
*Êtes-vous courageux ? Je **le** suis* (*le* représente *courageux* : *le* est neutre) ;
***Il** est nécessaire que vous partiez* (*il* remplace *que vous partiez* : *il* est neutre).

2 Les formes du pronom personnel

■ Les formes du pronom personnel, variables en genre et en nombre, peuvent être **inaccentuées** (on dit aussi **atones**) quand elles représentent simplement la personne et qu'elles font corps avec le verbe :

***Je** ne discuterai pas* (*Je* : inaccentué).

■ Les pronoms personnels sont **accentués** (ou **toniques**) quand ils servent à mettre en évidence la personne :

***Moi**, je ne discuterai pas* (*Moi* : accentué).

REMARQUE Le pronom personnel accentué peut être renforcé par ***même*** :
***Toi-même**, tu t'y refuserais.*

	singulier		pluriel	
personne	**atones, ou inaccentués**	**toniques, ou accentués**	**atones, ou inaccentués**	**toniques, ou accentués**
1re personne	*je, me*	*moi*	*nous*	*nous*
2e personne	*tu, te*	*toi*	*vous*	*vous*
3e personne	*il, elle* *le, la, lui, en, y*	*lui, elle*	*ils, elles* *les, leur, en, y*	*eux, elles*
réfléchi *(voir paragraphe 5)*	*se*	*soi*	*se*	

ATTENTION Le pronom personnel peut présenter des **formes élidées** : ***l', m', t', j'*** pour ***le***, ***la***, ***me***, ***te***, ***je*** devant la voyelle ou l'***h-*** muet du mot suivant :

Tu ***t'****ennuies. Il* ***m'****appelle.* ***J'****habite Bruxelles.*

3 Les pronoms neutres *il* et *le*

■ **Le pronom neutre *il*** introduit un verbe impersonnel ou annonce le sujet réel d'un verbe dont ***il*** est le sujet apparent :

Il ***pleut****.* (pleut : verbe impersonnel)   ***Il*** *vous arrivera* ***malheur****.* (Il : sujet apparent ; malheur : sujet réel)

■ **Le pronom neutre *le*** (au sens de ***cela***) renvoie à un adjectif masculin ou féminin, singulier ou pluriel, ou à une proposition qui précède :

Êtes-vous satisfaite ? Je ***le*** *suis* (= Je suis satisfaite) ;

Courageux, ils ***le*** *sont* (= Ils sont courageux) ;

Elle est plus intelligente que tu ne ***le*** *penses* (= que tu ne penses qu'elle est intelligente).

4 Emplois particuliers de *nous* et *vous*

■ ***Nous*** s'emploie pour *je* dans le style officiel, afin de donner plus d'autorité à ce qui est dit ; c'est ce qu'on appelle le « nous de majesté » :

Nous*, maire, ordonnons qu'à dater du...*

Nous s'emploie à la place de *tu* pour indiquer l'affection, l'intérêt que l'on porte à la personne ; c'est le « nous de sympathie » :

*Avons-**nous** bien dormi, mon garçon ?*

Vous s'emploie au lieu de *tu* pour marquer la déférence ; c'est le « vous de politesse ». ***Tu*** indique la familiarité :

***Vous** disiez, Monsieur ?* (*vous* de politesse) ; ***Tu** m'ennuies !* (*tu* de familiarité).

ATTENTION Dans les cas ici mentionnés, **si un adjectif ou un participe se rapporte au pronom pluriel désignant une seule personne, il s'accorde au singulier et au genre de la personne** en question :
– nous de majesté : *Nous, **président**... sommes saisi d'une demande de...*
– nous de sympathie : *Sommes-nous bien rétablie, **Anne** ?*
– vous de politesse : *Vous êtes bien pressée, **Jeanne** !*

5 Le pronom personnel réfléchi

Le pronom personnel existe à la forme réfléchie ; il s'emploie uniquement comme complément et il représente le sujet qui fait l'action sur lui-même :

*Je **me** lave. Elle **se** lave. Nous **nous** lavons. Elles **se** lavent.*

Il n'a de formes particulières qu'à la 3e personne (***se, soi***) ; aux autres personnes, il a la forme du pronom complément :

*Il **se** lave. Elle **se** lave. Tu **te** laves. Vous **vous** lavez.*

Le pronom réfléchi ***soi*** s'emploie surtout pour renvoyer à un sujet indéterminé (***personne, chacun, on, celui, qui, plus d'un,*** etc.) :

*Chacun pense à **soi**, avant de penser aux autres.*

6 Le pronom personnel *en*

En*, pronom personnel invariable,** équivaut à ***de lui, d'elle, d'eux, de cela (neutre) et peut avoir les fonctions suivantes :

- complément de nom : *La vivacité de son esprit est grande ; elle nous **en** cache parfois la profondeur :* ***en***, complément du nom *profondeur* (la profondeur de son esprit) ;

LES DÉTERMINANTS DU NOM ET LES PRONOMS

▶ complément de l'adjectif : *Elle a réussi et elle **en** est fière :* **en**, complémen de l'adjectif *fière* (fière de cette réussite) ;

▶ complément d'objet direct : *Avez-vous envoyé des lettres ? Je n'**en** ai pa reçu :* **en**, C.O.D. de *ai reçu* (je n'ai pas reçu de lettres) ;

▶ complément d'objet indirect : *Vous m'avez rendu service et je m'**en** souvien drai :* **en**, C.O.I. de *souviendrai* (je me souviendrai de cela) ;

▶ complément circonstanciel de cause : *Elle a eu la grippe ; elle **en** est res tée très affaiblie :* **en**, C.C. de cause de *affaiblie* (affaiblie à cause de cett grippe) ;

▶ complément circonstanciel de moyen : *Il prit une pierre et l'**en** frappa :* **e** C.C. de moyen de *frappa* (il le frappa avec cette pierre).

■ Le pronom ***en*** est surtout employé pour remplacer les noms de chose Pour désigner des êtres animés, on emploie de préférence le pronom pe sonnel variable : ***lui, elle, eux, elles,*** etc. :

*Avez-vous lu son livre ? Il est facile de s'**en** souvenir.*
*L'avez-vous connu ? Il est facile de se souvenir **de lui**.*

ATTENTION ***En*** peut être adverbe de lieu (***de là***) ou préposition (= ***dans***) :
Êtes-vous allés chez elle ? J' ***en*** *viens.* (adverbe de lieu) *Je vais* ***en*** *ville.* (préposition)

7 Le pronom personnel *y*

■ **Le pronom personnel invariable *y*** a le sens de *à cette personne-là,* *cette chose-là, à cela* (neutre). Il renvoie le plus souvent à une idée ou à un chose et peut avoir les fonctions suivantes :

▶ complément d'objet indirect de personne : *L'avez-vous pris comme ami Pour moi, je ne m'**y** fierais pas :* **y**, C.O.I. de *fierais* (je ne me fierais pas à lui) ;

▶ complément d'objet indirect de chose : *Penses-tu à ce que je t'ai dit ? J' pense :* **y**, C.O.I. de *pense* (je pense à cela).

ATTENTION ***Y*** peut être aussi un adverbe de lieu (au sens de *là*) :
*Connaissez-vous le **Portugal** ? J'**y** suis allé cet été.*

24 PRONOMS PERSONNELS : FONCTION ET PLACE

1 Les fonctions des pronoms personnels

■ **Les pronoms personnels peuvent avoir les fonctions du nom.** Seules les formes accentuées peuvent être attribut.

fonctions	formes inaccentuées	formes accentuées
sujet	***Je*** *comprends son émotion.* ***Tu*** *ne m'as rien dit.* ***Il*** *n'a pas entendu.* ***Elle*** *n'est pas venue.* ***Ils*** *sont partis.*	***Moi,*** *j'agirai autrement.* ***Toi,*** *tu as oublié.* ***Lui,*** *il n'en a rien su.* ***Elle,*** *elle ne m'a pas vu.* ***Eux,*** *ils ne t'ont pas cru.*
attribut		*C'est* ***moi*** *qui lui ai parlé.* *C'est* ***elle*** *qui est venue.*
complément d'objet direct	*Je* ***t'****estime beaucoup.* *Je* ***le*** *crois sur parole.* *Elle* ***vous*** *appelait.*	*Elle t'a invité,* ***toi****.* *Je le crois,* ***lui****.* *Félicitez-****vous****.*
complément d'objet indirect	*Il* ***lui*** *en a beaucoup voulu.*	***À elle,*** *tu as toujours obéi.*
complément circonstanciel	*Elle n'****en*** *dort plus.*	*Je suis arrivé après* ***eux****.*

2 Place du pronom personnel sujet

Le pronom personnel sujet est en général placé immédiatement avant le verbe. Il ne peut en être séparé que par les pronoms compléments ou la première partie de la négation :

Je le connais de longue date. *Je n'y suis pas allé.*

■ **Le pronom personnel sujet accentué** peut être placé après le verbe :

Je ***saurai*** *lui répondre,* ***moi*** (*moi*, sujet de *saurai*, comme *je*).

■ **Le pronom personnel sujet non accentué** est placé après le verbe ou entre l'auxiliaire et le participe aux temps composés dans trois cas :

▶ dans les phrases interrogatives ou exclamatives : *Que lui* ***avez-vous*** *dit ?* ***Puisse-t-elle*** *guérir vite !*

▶ dans les propositions incises (ou intercalées) : *Ce n'est pas ta faute, dis-****tu*** (*dis-tu*, proposition incise) ;

▶ dans les propositions commençant par ***du moins, peut-être, au moins, en vain, aussi, à peine, ainsi,*** etc. : ***Peut-être*** *trouverez-**vous** un appui.* ***À peine*** *avait-**il** terminé que je partis.*

3 Place du pronom personnel complément

■ **Le pronom personnel complément non accentué est placé avant le verbe,** sauf à la forme affirmative de l'impératif :

*Elle **le considéra** longuement.* *Je ne **l'ai** pas **vu**.*

*Ne **le prenez** pas,* mais ***Prenez-le.***

■ **Le pronom personnel complément accentué** est placé après le verbe

*Il me **plaît**, à **moi**, d'agir ainsi.* ***Envoyez-moi*** *le paquet par la poste.*

■ **Quand plusieurs pronoms sont compléments d'un même verbe, le** complément indirect est placé le plus près du verbe :

*Nous le **lui avons répété** cent fois* (*le*, complément direct ; *lui*, complément indirect).

C'est l'inverse à l'impératif : ***Donnez****-le-**lui.***

4 Répétition du pronom personnel

● Pronom personnel sujet

▶ Le pronom personnel sujet est normalement répété devant chaque verbe :

Elle *écouta en silence, puis **elle** réfléchit quelques instants.*

▶ Cette répétition n'est pas obligatoire lorsque les verbes sont juxtaposés ou bien coordonnés par les conjonctions ***et, ou, mais :***

Elle *agissait sans réflexion **et** s'étonnait de ses mésaventures.*

ATTENTION Cette répétition n'a jamais lieu quand les verbes sont liés par la conjonction ***ni*** : ***Il*** *ne le saluait **ni** ne lui parlait jamais.*

● Le pronom personnel complément

▶ Le pronom complément est en général répété devant chaque verbe :

*Elle **me** comprend et **m'**approuve.*

▸ Il est toujours répété quand les deux pronoms ont une fonction différente :

*Il **me** voit et **me** tend la main.*

▸ Le pronom personnel complément n'est pas répété aux temps composés des verbes quand l'auxiliaire lui-même n'est pas répété, mais à condition que ce pronom complément ait même fonction :

*Elle **m'**a compris et **m'**a approuvé* → *Elle **m'**a compris et approuvé :* un seul pronom et un seul auxiliaire.

(m' : C.O.D. de *a compris* ; m' : C.O.D. de *a approuvé*)

Il m'a vu et m'a tendu la main : m', C.O.D. de *a vu*, et *m'*, complément d'attribution de *a tendu*, ont des fonctions différentes ; ils sont donc répétés.

5 Reprise d'un nom ou d'un pronom par un pronom personnel

■ **Le nom ou le pronom sujet ou complément peut être mis en relief en tête de phrase.** Dans ce cas, il est repris près du verbe par un pronom complément ou sujet :

***Jeanne**, nous **l'**aimons beaucoup.*
***Toi**, je **te** connais bien. **Lui**, **il** est malin.*

■ **Le nom sujet** peut être placé après le verbe dans les constructions impersonnelles. Dans ce cas**, il est annoncé par un pronom avant le verbe :**

Il** manque deux **cartes (*Il* annonce *cartes* ; *il*, sujet apparent ; *cartes*, sujet réel de *manque*).

6 Le pronom personnel explétif

■ **Le pronom complément de la 1re ou de la 2e personne peut s'employer sans avoir de valeur grammaticale, pour souligner** l'intérêt pris à l'action par celui qui parle ou pour solliciter l'attention des interlocuteurs :

*Regardez-**moi** ce spectacle !*
*On **vous** le fit tournoyer en l'air et maintes fois retomber sur le drap tendu.*

■ Le pronom personnel figure, sans valeur grammaticale, dans **diverses locutions** :

*Il s'**en** est pris à moi.* *Bravo, vous **l'**emportez !*

Le pronom relatif remplace généralement un nom ou un pronom placés avant lui. C'est aussi un mot qui introduit une proposition. Il est d'un usage très courant, contrairement à l'adjectif relatif, employé seulement dans de rares constructions syntaxiques.

1 Le rôle du pronom relatif

■ Dans une phrase complexe, **le pronom relatif remplace un nom ou un pronom,** nommé **antécédent**, exprimé dans la proposition qui précède. Il établit ainsi une relation entre cette proposition et la seconde, dite ***relative*** qui complète ou explique cet antécédent :

Il régnait un ***silence*** (antécédent) ***dont*** (pronom relatif) *chacun finissait par s'inquiéter.*

Dans cette phrase, ***dont***, pronom relatif, remplace *silence* : chacun finissait par s'inquiéter de ce silence. La proposition relative qui commence par ***dont*** complète le nom *silence*, qui est l'antécédent de *dont*.

REMARQUE L'antécédent peut ne pas être exprimé (dans les proverbes, en particulier) ; le pronom relatif a alors un sens indéfini : ***Qui*** *dort dîne* (= celui qui dort...). S'il était exprimé, le sujet de *dîne* serait *celui*, antécédent de *qui*.

2 Formes et fonctions des pronoms relatifs

■ **Le pronom relatif,** qui existe à la **forme simple** et à la **forme composée**, **a le genre et le nombre de son antécédent.** Cet antécédent peut être un nom (masculin ou féminin) ou un pronom (masculin, féminin ou neutre) :

*Les rose**s** **que** tu as cueilli**es** sont belles ; que*, pronom relatif, est du féminin pluriel comme *roses*, son antécédent, d'où l'accord de *cueillies*.

*As-tu vu l'importance de **ce** à **quoi** tu t'engages ? quoi*, pronom relatif, est du neutre singulier comme son antécédent, le pronom démonstratif neutre *ce*.

REMARQUES

1. Le genre neutre n'a pas de formes composées mais il a une forme simple supplémentaire (***quoi***).
2. ***Que*** s'élide en ***qu'*** devant une voyelle et un ***h***- muet.

pronoms relatifs	masculin	féminin	neutre
formes simples	*qui* *que* *dont* *où*	*qui* *que* *dont* *où*	*qui* *que* *quoi* *dont* *où*
formes composées	*lequel, lesquels* *duquel, desquels* *auquel, auxquels*	*laquelle, lesquelles* *de laquelle, desquelles* *à laquelle, auxquelles*	

Le pronom relatif a toutes les fonctions d'un nom dans la proposition elative qu'il introduit :

*Il s'avançait sur la **couche** de glace **qui** s'était formée sur l'étang.*

antécédent de *qui* — pronom relatif sujet de *s'était formée*

3 Place du relatif

Le pronom relatif, précédé ou non d'une préposition, est placé en tête e la proposition relative et immédiatement après son antécédent :

*Elle revoyait en rêve cette **maison dont** elle connaissait chaque pierre.*

Il est séparé de son antécédent lorsque celui-ci est suivi d'un adjecf, d'un complément du nom, lorsqu'il s'agit d'un pronom personnel atone on accentué), ou lorsqu'il est complément d'un nom lui-même complément indirect :

*Je **la** vis **qui** ramassait un petit bout de ficelle.*
*Il aimait la **musique**, à l'étude de **laquelle** il se consacrait.*

Dans la langue littéraire, l'écrivain sépare parfois l'antécédent du relatif :

*Alors l'**arbre** s'écroula, **que** la foudre avait frappé.*

4 Répétition du pronom relatif

Le pronom relatif est répété lorsque plusieurs propositions relatives ont coordonnées ou juxtaposées et que la fonction du relatif n'est pas la ıême ou lorsque ces propositions sont longues :

Je vous conseille de lire ce ***livre que*** *j'ai acheté la semaine dernière et* ***dont*** *j'aime beaucoup le sujet :* *que* est C.O.D. de *ai acheté* ; *dont* est complément du nom *sujet*.

REMARQUE Le pronom relatif peut ne pas être répété quand les propositions sont courtes et qu'il a même fonction :

Le ***paysan*** *qui me servait de guide et ne me parlait guère me montra du doigt le village* (= qui me servait de guide et qui ne me parlait guère : *qui* est à chaque fois sujet).

5 Les relatifs indéfinis

■ **Les pronoms relatifs indéfinis** sont : ***quiconque, quel que, qui que ce soit qui, quoi que*** (en deux mots) ; ils sont employés sans antécédent, avec le sens de *tout homme qui, toute chose que*, etc. :

Quiconque *cherchera trouvera ;*

Quoi que *vous disiez, je m'en tiendrai à ma première idée ;*

Qui que ce soit qui *vienne, dites que je suis occupé.*

REMARQUES

1. ***Quiconque*** s'emploie parfois comme pronom indéfini au sens de *n'importe qui* : *Défense à* ***quiconque*** *de pénétrer.*

2. ***Quel que*** est un adjectif relatif indéfini, où ***quel*** est variable et s'accorde avec le sujet du verbe ; il introduit alors une proposition de concession au subjonctif :

Quelle que *soit votre* ***appréhension****, vous ne pouvez éviter cette rencontre ;*

Quelles qu'*aient été vos* ***erreurs*** *passées, je vous excuse.*

Placé immédiatement devant le verbe *être*, ***quel que*** **s'écrit en deux mots.**

6 Les adjectifs relatifs

■ L'adjectif relatif, qui a la même forme que le pronom relatif ***lequel***, est d'un emploi rare, restreint à la langue judiciaire ou à l'expression ***auquel cas***. Il s'accorde toujours en genre et en nombre avec le mot auquel il se rapporte :

Après avoir entendu les témoins, ***lesquels témoins*** *ont déclaré...*

S'il pleuvait ce soir, ***auquel cas*** *je ne pourrais pas venir,...*

1 *Qui*

■ ***Qui*** peut être du masculin, du féminin ou du neutre, du singulier ou du pluriel et avoir les fonctions suivantes dans la proposition relative :

▶ **sujet :** *Je fais ce **qui** me plaît : qui*, pronom relatif, neutre singulier, est sujet de *plaît* ;
*C'est un tyran pour tous les gens **qui** l'entourent : qui*, pronom relatif, masculin pluriel, est sujet de *entourent* ;

▶ **complément du nom :** *C'est un homme à la parole de **qui** on peut se fier : qui*, pronom relatif, masculin singulier, complément du nom *parole* ;

▶ **complément d'objet indirect :** *Connaissez-vous la personne de **qui** je parlais ? : qui*, pronom relatif, féminin singulier, est complément d'objet indirect de *parlais* ;

▶ **complément circonstanciel :** *Cet ami pour **qui** j'ai reporté mon voyage m'a fait faux bond : qui*, pronom relatif, masculin singulier, est complément circonstanciel d'intérêt de *ai reporté*.

ATTENTION ***Qui***, complément, n'admet comme antécédent qu'un nom de personne ou de chose personnifiée.

2 *Que*

■ ***Que*** peut être du masculin, du féminin ou du neutre, du singulier ou du pluriel et avoir les fonctions suivantes dans la proposition relative :

▶ **attribut du sujet :** *La rusée **qu**'elle est a deviné : que*, pronom relatif, féminin singulier, est attribut de *elle* ;

▶ **complément d'objet direct :** *Elle saisit la main **que** je lui tendais : que*, pronom relatif, féminin singulier, est complément d'objet direct de *tendais* ;

▶ **complément circonstanciel de temps :** *Du temps **que** nous étions étudiants... : que*, pronom relatif, masculin singulier, est complément circonstanciel de temps de *étions*.

3 *Quoi*

■ ***Quoi*** est du neutre singulier (antécédents : ***rien, ce, cela***) et peut avoir dans la proposition relative les fonctions suivantes :

▶ **complément d'objet indirect ou complément circonstanciel :** *Voilà, précisément, ce à **quoi** je réfléchissais : quoi*, pronom relatif, neutre singulier, complément d'objet indirect de *réfléchissais* ;

▶ **complément de l'adjectif :** *Il n'est rien à **quoi** je ne sois prête : quoi*, pronom relatif, neutre singulier, est complément de l'adjectif *prête*.

REMARQUE ***Quoi*** s'emploie sans antécédent dans diverses expressions *grâce à quoi, sans quoi, moyennant quoi, c'est à quoi.*

4 Dont

■ ***Dont*** est du masculin, du féminin ou du neutre, du singulier ou du pluriel et a dans la proposition relative les fonctions suivantes :

▶ **complément du nom :** *Elle raconta la scène **dont** elle avait été le témoin* : *dont*, pronom relatif, féminin singulier, est complément du nom *témoin* ;

ATTENTION ***Dont*** ne peut pas, en règle générale, être complément d'un nom introduit par une préposition.

▶ **complément de l'adjectif :** *Je vous donne un travail **dont** vous me semblez capable : dont*, pronom relatif, masculin singulier, est complément de l'adjectif *capable* ;

▶ **complément d'agent :** *Elle s'adressa aux amis **dont** elle était entourée : dont*, pronom relatif, masculin pluriel, est complément d'agent de *était entourée* ;

▶ **complément circonstanciel de cause :** *C'est une maladie **dont** on ne meurt plus aujourd'hui : dont*, pronom relatif, féminin singulier, est complément circonstanciel de cause de *meurt* ;

▶ **complément circonstanciel de lieu** (origine) : *La famille **dont** je descends est originaire du Maine : dont*, pronom relatif, féminin singulier, est complément circonstanciel de lieu de *descends* ;

▶ **complément circonstanciel de moyen ou de manière** : *Il se saisit d'une pierre **dont** il le frappa : dont*, pronom relatif, féminin singulier, est complément circonstanciel de moyen de *frappa* ;

▶ **complément d'objet indirect :** *C'est une aventure **dont** elle se souvient fort bien : dont*, pronom relatif, féminin singulier, complément d'objet indirect de *se souvient*.

5 Où

■ ***Où*** ne peut s'appliquer qu'aux choses ; il remplace le pronom relatif ***lequel*** précédé d'une préposition et peut avoir dans la proposition relative les fonctions suivantes :

- **complément circonstanciel de lieu :** *Le village **où** (= dans lequel) il s'est retiré se trouve loin de l'autoroute : où*, pronom relatif, masculin singulier, est complément circonstanciel de lieu de *s'est retiré* ;
- **complément circonstanciel de temps :** *Il a fait très froid la semaine **où*** (= pendant laquelle) *vous êtes partis : où*, pronom relatif, féminin singulier, est complément circonstanciel de temps de *êtes partis*.

REMARQUE ***D'où*** s'emploie sans antécédent, au sens de *de quoi*, dans des formules conclusives : ***D'où** je déduis que...*

6 *Lequel*

■ ***Lequel*** et les autres formes composées (***auquel, duquel, laquelle, de laquelle, à laquelle, lesquels, desquels, auxquels, lesquelles, desquelles, auxquelles***) s'emploient :

- quand l'antécédent est un nom de chose et que le relatif est précédé d'une préposition :

  *La **persévérance avec laquelle** elle a travaillé ne nous a pas étonnés ;*
- à la place de ***que*** ou de ***qui*** lorsqu'une équivoque est possible :

  *Je connaissais fort bien le **fils** de sa voisine, **lequel** avait les mêmes goûts :* « qui avait les mêmes goûts » serait ambigu car *qui* pourrait remplacer *fils* ou *voisine* ;
- à la place de ***dont***, complément d'un nom lui-même complément indirect :

  *Prenez soin de ces dossiers, **de la perte desquels** vous auriez à répondre.*

27 LES PRONOMS ET ADJECTIFS INTERROGATIFS

Les pronoms interrogatifs invitent l'interlocuteur à désigner l'être ou la chose sur laquelle porte l'interrogation :
Qui as-tu rencontré ? De quoi parlez-vous ?
L'adjectif interrogatif, lui, invite à indiquer la qualité de l'être ou de la chose sur lesquels porte la question.

■ L'interrogation peut être **directe** ; la phrase se termine alors par un poin d'interrogation :

> *À qui faut-il adresser cette réclamation ?* (*qui*, pronom interrogatif en construction directe).

■ L'interrogation peut être **indirecte** ; la phrase qui la contient dépen alors d'un verbe comme ***demander, savoir,*** etc. et ne comporte pas de poin d'interrogation :

> *Je demande à qui il faut adresser cette réclamation* (*qui*, pronom interrogatif en construction indirecte).

1 Les formes des pronoms interrogatifs

■ Le pronom interrogatif a des **formes normales** et des **formes d'insis tance**. Ces formes varient avec le nombre (singulier et pluriel) et avec l genre : masculin, féminin ou neutre (désignant des choses vagues ou de idées).

		formes normales			formes d'insistance	
		masculin	**féminin**	**neutre**	**personnes**	**choses**
formes simples	*sing.*	*qui ?*	*qui ?*	*quoi ? que ?* *ce qui, ce que* (interrogation indirecte)	*qui est-ce qui ?* *qui est-ce que ?* *lequel est-ce qui ?*	*qui est-ce qui ?* *qu'est-ce que ?* *de quoi est-ce que ?* (etc.)
	plur.	*qui ?* (rare)	—			
formes composées	*sing.*	*lequel* *duquel* *auquel*	*laquelle* *de laquelle* *à laquelle*	—	—	—
	plur.	*lesquels* *desquels* *auxquels*	*lesquelles* *desquelles* *auxquelles*			

REMARQUES

1. **Les formes d'insistance** sont devenues dans la langue parlée les formes habituelles de l'interrogation directe.

2. ***Que*** s'élide en ***qu'*** devant une voyelle ou un ***h-*** muet.

2 Emplois et fonctions des pronoms interrogatifs

Qui

e pronom ***qui*** interroge sur une personne et garde cette forme dans l'inter-
ɔgation directe ou indirecte ; il peut avoir les fonctions suivantes :

	interrogation directe	interrogation indirecte
sujet	***Qui*** *frappe à la porte ?*	*Je demande* ***qui*** *frappe à la porte.*
attribut	***Qui*** *êtes-vous ?*	*Je demande* ***qui*** *vous êtes.*
C.O.D.	***Qui*** *verra-t-on à la fête ?*	*Je demande* ***qui*** *l'on verra.*
C.O.I.	*À* ***qui*** *doit-on s'adresser ?*	*Je demande à* ***qui*** *l'on doit s'adresser.*
compl. du nom	*De* ***qui*** *a-t-on pris l'avis ?*	*Je demande de* ***qui*** *l'on a pris l'avis.*
compl. de l'adjectif	*De* ***qui*** *est-il jaloux ?*	*Je demande de* ***qui*** *il est jaloux.*
compl. d'agent	*Par* ***qui*** *fut-elle nommée ?*	*Je demande par* ***qui*** *elle fut nommée.*
compl. d'attribution	*À* ***qui*** *donne-t-on le prix ?*	*Je ne sais à* ***qui*** *on donne le prix.*
C.C.	*Avec* ***qui*** *vient-elle ?*	*Je ne sais avec* ***qui*** *elle vient.*

Que

e pronom ***que*** interroge sur une personne, une chose, une idée ; il de-
ient ***ce qui, ce que*** dans l'interrogation indirecte et peut avoir les fonctions
uivantes :

	interrogation directe	interrogation indirecte
sujet	***Que*** *se passe-t-il ?*	*Je demande* ***ce qui*** *se passe.*
attribut	***Qu'****est-il devenu ?*	*Je me demande* ***ce qu'il*** *est devenu.*
C.O.D.	***Que*** *désirez-vous ?*	*Je demande* ***ce que*** *vous désirez.*
C.C. de prix	***Que*** *coûte ce livre ?*	*Je demande* ***ce que*** *coûte ce livre.*

Quoi

e pronom ***quoi*** interroge sur une chose ou une idée ; il devient ***ce que, quoi***
ans l'interrogation indirecte et peut avoir les fonctions suivantes :

	interrogation directe	interrogation indirecte
sujet	***Quoi*** *de nouveau ?*	*Je demande* ***ce qu'****il y a de nouveau.*
C.O.D.	***Quoi*** *répondre ?*	*Je ne sais* ***quoi*** *répondre.*
C.O.I.	*À* ***quoi*** *cela peut-il servir ?*	*Je ne sais à* ***quoi*** *cela peut servir.*
compl. d'agent	*Par* ***quoi*** *est-elle émue ?*	*Je ne sais par* ***quoi*** *elle est émue.*
compl. d'attribution	*À* ***quoi*** *doit-il son échec ?*	*Je ne sais à* ***quoi*** *il doit son échec.*
C.C.	*Sur* ***quoi*** *avez-vous parlé ?*	*Je ne sais sur* ***quoi*** *il a parlé.*

● *Lequel*

Le pronom ***lequel*** invite à désigner un être ou une chose ; il garde la même form dans l'interrogation directe ou indirecte et peut avoir les fonctions suivantes.

	interrogation directe	interrogation indirecte
sujet	***Lequel*** *d'entre vous désire me parler ?*	*Je ne sais* ***lequel*** *d'entre vous désire me parler.*
C.O.D.	***Lequel*** *de ces deux livres préfères-tu ?*	*Je ne sais* ***lequel*** *de ces deux livres tu préfères.*
C.O.I.	***Auquel*** *des deux songez-vous ?*	*Je ne sais* ***auquel*** *des deux vous songez.*
compl. de nom	***Duquel*** *de ces fruits préférez-vous le parfum ?*	*Je vous demande* ***duquel*** *de ces fruits vous préférez le parfum.*
compl. de l'adjectif	***Auquel*** *de ces emplois paraît-elle le plus apte ?*	*Je vous demande* ***auquel*** *de ces emplois elle paraît le plus apte.*
compl. d'agent	*Par* ***lequel*** *des deux avez-vous été raccompagnée ?*	*Je ne sais par* ***lequel*** *des deux vous avez été raccompagnée.*
compl. d'attribution	***Auquel*** *des deux avez-vous donné ce livre ?*	*Je ne sais* ***auquel*** *des deux vous avez donné ce livre.*

3 Les formes de l'adjectif interrogatif et exclamatif

■ **L'adjectif interrogatif** a la forme ***quel*** au masculin et ***quelle*** au fémini (pluriel : ***quels*** et ***quelles***). Il s'accorde en genre et en nombre avec le nor auquel il se rapporte et qu'il précède :

De ***quelle province*** *êtes-vous originaire ?*

■ ***Quel*** s'emploie comme épithète ou comme attribut :

Quel *jour viendrez-vous ?* ***Quel*** *est cet arbre ?*

REMARQUE L'adjectif interrogatif peut aussi être employé comme **adject exclamatif** exprimant l'admiration, la surprise, l'indignation, etc. :

Quel *beau fruit !* ***Quelle*** *fut sa surprise !*

28 LES PRONOMS ET ADJECTIFS INDÉFINIS : GÉNÉRALITÉS

Les pronoms indéfinis indiquent un être, une chose ou une idée, de manière vague et indéterminée.
Les adjectifs indéfinis précèdent un nom pour exprimer une idée imprécise de quantité, de qualité, de ressemblance ou de différence.

1 Les formes des pronoms indéfinis

■ Les pronoms indéfinis peuvent être du **masculin**, du **féminin** ou du **neutre :**

Quelqu'un *a sonné à la grille du jardin : quelqu'un*, masculin ;
Aucune *d'entre elles n'avait osé intervenir : aucune*, féminin ;
Elle n'en a ***rien*** *su : rien*, neutre.

masculin	féminin	neutre
aucun, nul, personne	*aucune, nulle*	*rien*
n'importe qui, je ne sais qui	*n'importe qui, je ne sais qui*	*n'importe quoi, je ne sais quoi*
certains, plus d'un, plusieurs	*certaines, plus d'une, plusieurs*	
l'un, l'autre, les uns, les autres, un autre, d'autres, autrui	*l'une, l'autre, les unes, les autres, une autre, d'autres*	
on, quelqu'un, quelques-uns	*on, quelqu'une, quelques-unes*	*quelque chose*
chacun	*chacune*	
tel, tels, le même, les mêmes	*telle, telles, la même, les mêmes*	
tout, tous	*toute, toutes*	*tout*
quiconque		

2 Les fonctions des pronoms indéfinis

■ **Les pronoms indéfinis** peuvent avoir presque toutes les fonctions qu'ont les noms :

- **sujet :** ***Nul*** *ne l'avait vue : nul*, pronom indéfini, masculin, sujet de *avait vue* ;
- **complément d'objet direct :** *Il recevait* ***n'importe qui*** *: n'importe qui*, pronom indéfini, masculin, complément d'objet direct de *recevait* ;
- **complément d'objet indirect :** *Ne vous fiez pas à* ***certains*** *: certains*, pronom indéfini, masculin pluriel, complément d'objet indirect de *fiez* ;
- **complément d'attribution :** *Donnez à* ***chacun*** *sa part : chacun*, pronom indéfini, masculin singulier, complément d'attribution de *donnez* ;

▶ **complément d'agent :** *Je ne suis connue de* ***personne*** *ici : personne*, pronom indéfini, masculin singulier, complément d'agent de *suis connue* ;

▶ **complément circonstanciel :** *Elle vient avec* ***quelqu'un*** *: quelqu'un*, pronom indéfini, masculin singulier, complément circonstanciel d'accompagnement de *vient*.

3 Les formes des adjectifs indéfinis

■ **L'adjectif indéfini** se rapporte au nom qu'il accompagne et s'accorde en genre et en nombre avec lui :

Elle n'a jamais eu ***aucun*** *ami : aucun*, masculin singulier, se rapporte à *ami* ;
En ***certaines*** *circonstances, il faut être prudent : certaines*, féminin pluriel, se rapporte à *circonstances*.

■ **Il peut avoir les formes suivantes,** en fonction de l'idée qu'il exprime.

expression	masculin	féminin
qualité	*certain(s), n'importe quel(s)* *je ne sais quel(s), quelque* *quelconque*	*certaine(s), n'importe quelle(s)* *je ne sais quelle(s), quelque* *quelconque*
quantité	*aucun, pas un, nul* *divers, différents, certains* *plusieurs, plus d'un* *maint(s), quelques* *chaque, tout, tous*	*aucune, pas une, nulle* *diverses, différentes, certaines* *plusieurs, plus d'une* *mainte(s), quelques* *chaque, toute, toutes*
différence	*autre*	*autre*
ressemblance	*même(s), tel(s)*	*même(s), telle(s)*

Chaque mot classé dans les indéfinis présente en général des emplois ui le font entrer dans **plusieurs classes grammaticales.**

Aucun, aucune

ucun, aucune, pronom ou adjectif indéfini, est toujours accompagné de la égation ***ne*** ou de la préposition ***sans*** :

*Il **n'**en est **aucun** qui sache mieux son rôle* (pronom) ;

***Aucune démarche n'**a été faite* (adjectif) ;

*Elle a réussi **sans aucun effort*** (adjectif).

EMARQUES

1. ***Aucun*** signifiait anciennement *quelque*, *quelqu'un* et était employé sans négation ; il reste employé sans négation dans des phrases dubitatives au subjonctif, ou interrogatives, ou dans un système comparatif :

*Elle doutait qu'**aucun** d'entre vous **réussît** ;*

*Connaissez-vous **aucun autre** moyen ?*

*Elle est plus qualifiée qu'**aucune autre** personne.*

Aucun et ***nul*** peuvent être employés au pluriel : *aucun**s** frais ; nul**s** soucis.* Dans la langue littéraire, le pronom ***d'aucuns*** signifie *certains* :

***D'aucuns** sont d'un avis différent du vôtre.*

2. Si l'on veut insister sur l'idée de négation, on emploie ***pas un, pas une, nul, nulle,*** pronoms ou adjectifs indéfinis, toujours suivis de la négation ***ne*** :

***Pas un** assistant **ne** se leva pour le contredire.* ***Nul ne** le revit.*

Au sens de *sans aucune valeur*, ***nul*** s'emploie comme adjectif qualificatif : *Cette explication est **nulle**.*

Autre, autrui

Autre, pronom ou adjectif indéfini, sert à distinguer une nouvelle personne ou une nouvelle chose d'une première personne ou d'une première chose considérées :

*Une **autre** vous remplacera* (pronom) ;

*Venez au début de l'**autre semaine*** (adjectif).

Au sens de *différent*, ***autre*** s'emploie comme adjectif qualificatif :

*Le résultat fut tout **autre**.*

■ ***Autrui***, pronom indéfini employé seulement comme complément dar les phrases sentencieuses, désigne l'ensemble des personnes que l'on distir gue de soi :

Ne fais pas à autrui ce que tu ne voudrais pas qu'on te fît.

3 Certain, certaine

Certain, certaine, adjectifs indéfinis, et ***certains, certaines,*** pronoms indéf nis, ont un sens indéterminé :

Certaine affaire *m'appelle à l'étranger* (adjectif) ;

Certains *me l'ont dit* (pronom).

Quand ***certain*** suit le nom auquel il se rapporte, il n'est plus adjectif indéfir mais adjectif qualificatif au sens de *assuré, non douteux* :

Une ***certaine réussite*** *reste toute relative* (adjectif indéfini) ;

Une ***réussite certaine*** *ne peut être garantie* (adjectif qualificatif).

4 Chaque, chacun

Chaque, adjectif indéfini, ***chacun, chacune,*** pronoms indéfinis, s'app quent à toutes les personnes ou à toutes les choses d'un groupe, mais pris séparément :

Chaque *phrase était ponctuée d'un geste* (adjectif) ;

Chacune *de ces discussions éveillait en lui des souvenirs* (pronom).

5 Divers, plusieurs

Divers (ou ***différents***), ***maints***, adjectifs indéfinis, ***plusieurs*** (ou ***plus d'u*** pronom et adjectif indéfini, indiquent une quantité plus ou moins impc tante, mais ils ont toujours une valeur de pluriel :

Divers *amis m'ont prévenu* ***maintes*** *fois* (adjectifs) ;

Plusieurs *m'ont assuré de leur sympathie* (pronom).

6 L'un, l'autre

L'un, l'autre, pronoms indéfinis, indiquent que l'on considère une personr ou un objet isolément en les séparant d'un groupe :

L'un *lève la tête,* ***l'autre*** *griffonne sur une page.*

Ni l'un ni l'autre signifie *aucun des deux* ; ***l'un et l'autre,*** *tous les deux* ; ***l'un ou l'autre,*** *un des deux.* ***L'un l'autre*** marque la réciprocité :

*Ils se haïssent **l'un l'autre**.*

7 Même

Même est **adjectif indéfini**, quand il a le sens de :

- *semblable, identique* (il est alors placé entre l'article et le nom) :

  *Elles prirent la **même** route ;*

- *personnellement* (il est alors relié par un trait d'union à un pronom personnel qui précède pour le renforcer) :

  *Nous-**mêmes** nous avons ri ;*

- *précisément* (il se place sans trait d'union après le nom ou le pronom) :

  *Il est venu le matin **même** ;*

- *au plus haut point* (il est alors placé après le nom ou le pronom, sans trait d'union) :

  *Elle est la prudence **même**.*

ATTENTION ***Même*** est **adverbe**, et donc invariable, quand il a le sens de :
- *aussi* (placé avant ou, plus rarement, après le nom accompagné de l'article) : ***Même** les garçons peinaient ;*
- *bien que* (placé devant un adjectif) : ***Même** ruinés, ils avaient leur fierté ;*
- *en outre, de plus* (placé devant un verbe) : *Elle le vit et **même** lui parla.*

REMARQUE ***Même***, précédé de l'article défini, peut être pronom indéfini : *Ce n'est pas le **même** que le tien.*

8 On

On, pronom indéfini toujours employé comme sujet, désigne une ou plusieurs personnes de manière imprécise :

***On** entendait courir dans la rue.*

Dans la langue parlée ou, à l'écrit, avec une valeur affective (modestie, sympathie, ironie, etc.), le pronom ***on*** peut remplacer les pronoms personnels ***il, elle, nous, vous, ils, elles, je, tu.*** Dans ce cas, l'adjectif (ou le participe attribut) s'accorde, le cas échéant, avec l'idée de féminin ou de pluriel contenue dans ***on***, mais le verbe (ou l'auxiliaire) reste a singulier :

On est bien spirituelle aujourd'hui ! (*on* représente une femme) ;

On a été retardés par l'orage (*on* = nous : emploi familier).

REMARQUES

1. On emploie parfois la forme ***l'on***, surtout dans la langue soutenue, e particulier après ***et, ou, où, qui, que, quoi, si*** : *Qu'on s'adresse à qui **l'on** vou dra. Si **l'on** n'y prend garde...*

2. Le pronom ***on*** est souvent assimilé à un pronom personnel sujet.

9 *Personne, rien*

Personne, rien, pronoms indéfinis toujours accompagnés de la négation ***ne*** o précédés de la préposition ***sans***, ont le sens *de aucune personne, aucune chose*

Personne ne l'avait entendu. *Il n'a rien vu qui retînt son attention.*

*Elle est revenue du magasin **sans** avoir **rien** acheté.*

REMARQUE ***Personne*** et ***rien*** gardent parfois le sens de *quelqu'un, quelqu chose,* qu'ils avaient encore au XVIIe siècle, dans une proposition interroga tive, conditionnelle, etc. : *Avez-vous **rien** entendu de plus plaisant ?*

ATTENTION Précédés de l'article, ***personne*** et ***rien*** peuvent être des noms : ***Une personne** est venue me voir. **Un rien** l'amuse.*

10 *Quelconque, quiconque*

Quelconque, adjectif indéfini, ***quiconque***, pronom indéfini (qui peut êtr aussi relatif indéfini), signifient *n'importe lequel, n'importe qui :*

*Ouvrez ce livre à une page **quelconque** ;*

*Il est à la portée de **quiconque** de résoudre ce problème.*

REMARQUE Si l'on veut insister sur l'idée d'indétermination, on emploi ***n'importe qui, n'importe quoi :*** *Elle ferait **n'importe quoi** pour l'aider.*

11 *Quelque*

Quelque est adjectif indéfini quand, précédant un nom, il a le sens *de plu sieurs, une certaine quantité, un certain nombre, un certain :*

***Quelques** indiscrets lui auront raconté mon aventure.*

peut l'être aussi quand, précédant un nom suivi de ***que*** relatif, il introduit ne proposition de concession au subjonctif :

Quelques *raisons que vous* ***avanciez****, vous ne me convaincrez pas.*

ATTENTION ***Quelque*** est **adverbe**, et donc invariable, quand il a le sens de :

- *environ* : *Il y a* ***quelque*** *quarante ans ;*
- *tellement* ; il est alors placé devant un adjectif suivi de ***que*** conjonction, introduisant une proposition de concession au subjonctif :

Quelque *grands* ***que*** *soient ses efforts, elle ne saurait réussir.*

2 Quelqu'un(e), quelques-un(e)s

Quelqu'un, quelqu'une, quelques-uns, quelques-unes, pronoms indéfinis, ésignent au singulier une personne indéterminée ; au pluriel, ils indiquent n nombre indéterminé :

Quelqu'un *aurait-il fait obstacle à ton projet ?*
Quelques-uns *l'avaient connue jadis.*

3 Tel

- ***Tel*** est **adjectif indéfini** quand il a le sens de *un certain...* :

Telle *page était griffonnée,* ***telle*** *autre tachée d'encre.*

- ***Tel*** est **pronom indéfini** quand il a le sens de *quelqu'un* (ordinairement omme antécédent d'un relatif) :

Tel *est pris qui croyait prendre.*

REMARQUES

1. ***Tel*** est **adjectif qualificatif** quand il a le sens de :

▶ *semblable, pareil à ce qui précède* : *Le jardin est* ***tel*** *que je l'avais imaginé* : la proposition conjonctive introduite par ***que*** est une subordonnée comparative ;

▶ *si grand, si important* : *Ses paroles avaient une* ***telle*** *sincérité que tous furent émus* : la proposition conjonctive introduite par ***que*** est une subordonnée consécutive.

2. ***Tel*** est **pronom** ou **adjectif démonstratif** quand il a le sens de *ce, cet, cela, celui-ci* :

Tels *furent les résultats de ses efforts.*

14 Tout

■ ***Tout*** est **adjectif indéfini** quand il signifie :

▶ *chaque, n'importe quel* :

*À **tout** instant, je suis obligé de m'arrêter ;*

▶ *tous sans exception* :

***Tous** les élèves sont tenus de remettre des devoirs.*

REMARQUES

1. ***Tout*** est **adjectif qualificatif** quand il signifie :

▶ *tout entier* (placé devant un nom accompagné d'un déterminant) : ***Tou-te** la famille est réunie. Voilà **toute** ma fortune.*

▶ *seul* (sans déterminant devant le nom qui suit) : *Pour toute excuse, el[le] allégua son ignorance.*

2. ***Tout*** peut aussi être un **nom** quand, précédé de l'article, il a le sens de *l[a] totalité, l'ensemble* : *Donnez-moi le **tout**.*

■ ***Tout*** est **pronom indéfini** quand il signifie :

▶ *tout le monde, toutes les choses* : ***Tous** sortirent de la salle ;*

▶ *n'importe qui, n'importe quoi* : ***Tout** peut arriver.*

ATTENTION ***Tout*** est **adverbe** quand il signifie *tout à fait*. Il modifie un adjectif, un adverbe, un verbe, un nom :

*Des livres **tout** neufs. Il marchait **tout** doucement.*

■ Comme adverbe, ***tout*** reste invariable, sauf devant les adjectifs féminins commençant par une consonne ou un ***h-*** aspiré :

*Elle s'arrêta **tout** étonnée, tout**e** **h**onteuse. Des fleurs tout**es** blanches.*

■ En langue courante, on admet toutefois l'accord devant les adjectifs commençant par une voyelle ou un ***h-*** muet :

*La province **tout** entière* ou *tout**e** entière.*

LE VERBE

- Le verbe est un mot de forme variable qui exprime une action faite par le sujet (*Je marchais seul dans la rue obscure*) ou subie par le sujet (*Les pièces défectueuses seront remplacées*), ou qui indique un état du sujet (*Le ciel est nuageux*).
- C'est le constituant essentiel du groupe verbal.

1 Les différents types de verbes

- On peut distinguer **deux grands types de verbes :**

▶ **les verbes dits d'action** qui expriment le rôle plus ou moins actif du su-jet : *écrire, manger, sauter, regarder,* etc.

▶ **les verbes dits d'état** qui permettent d'introduire un attribut du sujet *être, sembler, paraître, rester, devenir,* etc.

REMARQUE La dénomination **verbes d'action** convient au sens exprimé pa la plupart des verbes qu'on range dans cet ensemble, mais elle s'appl que mal à certains verbes tels que *entendre, sentir, supporter, subir,* qu'o assimile cependant au même groupe parce qu'ils admettent les même constructions grammaticales.

- **Selon leur sens, on distingue de même** (sans que la liste puisse êt close) :

▶ les verbes d'opinion : *penser, croire, juger,* etc. ;

▶ les verbes d'énonciation : *dire, affirmer,* etc. ;

▶ les verbes de mouvement : *marcher, courir, aller,* etc. ;

▶ les verbes d'échange : *vendre, acheter,* etc. ;

▶ les verbes de transformation : *changer, muter,* etc. ;

▶ les verbes de perception : *voir, entendre, sentir,* etc.

- **Une locution verbale** est un groupe de mots (verbe accompagné d'u nom, d'un infinitif ou d'un adverbe) qui joue le rôle de verbe simple : *avo envie, avoir l'air, faire peur, rendre service, tourner court, faire croire, il y a, il avait,* etc. :

*J'**ai envie** de ce livre. Il **ajoute foi** à son histoire.*

Un groupe de mots forme une locution verbale lorsque le nom qui y ent n'est pas précédé de l'article ou qu'on ne peut insérer de complément ent le verbe et le nom : *avoir l'air, faire peur, mettre en cause.*

2 Verbes transitifs et intransitifs

Un verbe peut être **transitif** ou **intransitif** selon qu'il admet ou non tel sorte de complément.

Les verbes transitifs

Un verbe est transitif quand il admet un complément d'objet dési-nant l'être ou la chose sur lesquels s'exerce l'« action » exprimée par le verbe :

J'ouvre la ***porte****.* *Je sais* ***que tu m'attends****.*

C.O.D. de *ouvre* — C.O.D. de *sais*

- Le complément d'objet peut **suivre directement le verbe sans l'inter-nédiaire d'une préposition.** Il est alors complément d'objet direct et le erbe est transitif direct :

Elle ***reprit*** *son* ***livre*** *: livre* est C.O.D. de *reprit* → *reprit* est transitif direct.

- Le complément d'objet peut **dépendre du verbe par l'intermédiaire l'une préposition ;** il est complément d'objet indirect ; le verbe est transitif ndirect :

Elle ***pardonne à son fils*** *: fils* est C.O.I. de *pardonne* → *pardonne* est transitif indirect.

> **ATTENTION** Un **verbe peut être tantôt transitif direct, tantôt transitif indirect ;** les deux constructions ont généralement un sens différent :
>
> *Il* ***manque*** *son but* (transitif direct) ;
>
> *Il* ***manque*** *à sa parole* (transitif indirect).

Les verbes intransitifs

Un verbe est intransitif quand il ne reçoit pas de complément d'ob-et et exprime une « action » limitée au sujet :

Paule ***part pour la campagne*** (*partir* est un verbe intransitif).

C.C. de lieu

Les verbes d'état sont toujours intransitifs :

Il ***semblait*** *désolé : sembler* est intransitif ; *désolé* est attribut du sujet *il*.

> **ATTENTION**
>
> - Des verbes **intransitifs** peuvent être **employés transitivement** :
>
> *Elle est déjà descendue* (*descendre* : verbe intransitif) ;
>
> *Elle a descendu les bagages* (*descendre* : employé transitivement).
>
> - Inversement, des verbes **transitifs** peuvent être **employés sans complément d'objet.** On dit alors qu'ils sont employés **absolument** ou **intransitivement** :
>
> *Il* ***mange*** *un morceau de pain* (manger : verbe transitif) ;
>
> *Ne le dérangez pas, il* ***mange*** (*manger* : employé absolument).

31 LES VOIX

Le verbe peut se trouver à la voix (ou forme) active, passive ou pronominale.
Les verbes d'action transitifs directs sont les seuls à pouvoir présenter les trois voix.
Les verbes d'état et les verbes intransitifs n'existent qu'à la voix active ; les verbes transitifs indirects n'ont en général pas de passif :

J'écoute (voix active).
Je suis écouté (voix passive).
Je m'écoute (voix pronominale).

1 La voix active

■ **Un verbe est à la voix active** quand le sujet désigne l'être ou la chos[e] qui fait l'action :

*L'enfant **court** dans la rue ;*

ou quand le sujet se trouve dans l'état indiqué par le verbe :

*Elle **restait** silencieuse. Paul **était devenu** pâle.*

2 La voix passive

■ **Un verbe est à la voix passive** quand le sujet désigne l'être ou la chos[e] qui subit l'action indiquée par le verbe ; le verbe est alors accompagné d[e] l'auxiliaire ***être*** :

*Son fils **a été blessé** dans un accident.*

■ **Le sujet du passif** est le complément d'objet de la tournure active co[r]respondante *(une pierre a blessé son fils).* L'action est faite par le **complémen[t] d'agent** (= le sujet de la tournure active correspondante), introduit par le[s] prépositions ***par*** ou ***de*** :

*Le cri a été entendu **par tous les assistants** : assistants* est complémen[t] d'agent de *a été entendu.*

Mais ce complément peut ne pas être exprimé :

*Elle **a été punie** hier : a été punie* n'est pas suivi d'un complément d'agent.

3 La voix pronominale

Un verbe est à la voix pronominale quand le sujet est accompagné un pronom personnel réfléchi de la même personne que le sujet et placé vant le verbe :

*Les invités **se** réjouirent de son arrivée.* *Luc **se** regardait dans la glace.*
*Je **me** contentai de cette explication.* *Nous **nous** écrivons souvent.*

Les verbes pronominaux sont répartis en différentes catégories, lon leur sens.

Les verbes essentiellement pronominaux

e sont des verbes qui **n'existent qu'à la forme pronominale** ou **dont le ronom de forme réfléchie n'a pas de fonction grammaticale** dans la hrase :

*César ne put **s'emparer** de Gergovie : s'emparer* n'existe qu'à la forme pronominale ;

*Il ne **s'est** pas **aperçu** de son erreur :* dans *s'apercevoir*, le pronom *s'* n'a pas de fonction grammaticale. *Apercevoir* existe à la forme active et a un sens différent de *s'apercevoir*.

Les verbes pronominaux de sens réfléchi

e sujet fait alors l'action sur lui-même. Le pronom réfléchi peut être comément d'objet direct, complément d'objet indirect ou complément d'objet cond :

*Il **se** peigne : se*, complément d'objet direct de *peigne* ;

*Elle **se nuit** par son obstination : se*, complément d'objet indirect de *nuit* ;

*Elle **s'accorde** du repos : s'*, complément d'objet second ou d'attribution de *accorde*.

EMARQUE Quand un verbe pronominal réfléchi est **employé à l'infinitif** près ***faire*** ou ***laisser***, le pronom réfléchi est souvent omis :

*Faites **asseoir** le client dans ce bureau* (= faites en sorte que le client s'assoie) ;

*Elle n'a pas laissé **échapper** l'occasion* (= elle n'a pas laissé l'occasion s'échapper).

LE VERBE

Les verbes pronominaux de sens réciproque

Plusieurs êtres ou plusieurs choses exercent les uns sur les autres l'a tion indiquée par le verbe. Le pronom réciproque peut être complémer d'objet direct, complément d'objet indirect ou complément d'objet secon (ou d'attribution) :

> *Jeanne et Pierre ne* ***se sont*** *jamais vus : se*, complément d'objet direct de *sont vus* ;
>
> *Ils ne* ***se sont*** *jamais* ***nui*** *l'un à l'autre : se*, complément d'objet indirect de *sont nui* ;
>
> *Marie et Jean* ***se sont adressé*** *des lettres : se*, complément d'attributio de *sont adressé.*
>
> *Les deux poids* ***s'équilibrent*** *:* chacun équilibre l'autre

Les verbes pronominaux de sens passif

Certains verbes peuvent être **employés à la voix pronominale avec le ser passif :**

> *Les fruits* ***se vendent*** *cher* (voix pronominale) = *Les fruits sont vendus cher* (voix passive).

2 MODES, TEMPS, ASPECTS ET PERSONNES

L'action ou l'état exprimés par le verbe peuvent être présentés selon plusieurs caractéristiques : le mode, le temps et l'aspect. Cette action ou cet état ainsi exprimés se rapportent à une personne.
Les personnes sont soit les participants à la communication (*je, tu, nous, vous*), soit l'objet de la communication (*il, elle, ils, elles*).

Modes et temps

L'action peut être présentée comme **présente, passée, future** ; c'est la otion de **temps :**

je lis (action présente) ; *j'ai lu* (action passée) ; *je lirai* (action future).

Les temps simples sont ceux qui sont exprimés par une forme verbale nique :

Il lira ; il lirait ; je cours ; nous allions.

Les temps composés sont ceux qui sont exprimés par une forme verbale rmée à l'aide d'un auxiliaire et d'un participe passé :

*Il **avait lu*** (actif). *Ce livre **est connu** de tous* (passif).

Les temps surcomposés sont formés de deux auxiliaires et d'un participe assé :

*Dès que **j'ai eu fini** mon devoir, je suis allé jouer.*

L'action peut être présentée comme **réelle, possible, voulue, désirée** ; est la notion de **mode :**

elle lit : (action réelle) → indicatif ; *lis :* (action voulue) → impératif ;
elle lirait : (action possible) → conditionnel ;
je demande qu'elle lise : (action désirée) → subjonctif.

On appelle **modes personnels** l'indicatif, le conditionnel, le subjonctif, mpératif, parce que les formes verbales varient avec les personnes.

On appelle **modes impersonnels** le participe et l'infinitif, parce que les rmes verbales ne varient pas avec les personnes.

EMARQUE On appelle **verbes défectifs** les verbes qui ne possèdent pas certains modes ou certains temps. Ainsi, le verbe *déchoir* est défectif : il n'a pas d'indicatif imparfait ni d'impératif.

modes	temps simples		temps composés	
indicatif	présent imparfait passé simple futur	*je lis* *je lisais* *je lus* *je lirai*	passé composé plus-que-parfait passé antérieur futur antérieur	*j'ai lu* *j'avais lu* *j'eus lu* *j'aurai lu*
conditionnel	présent	*je lirais*	passé 1re forme passé 2e forme	*j'aurais lu* *j'eusse lu*
subjonctif	présent imparfait	*que je lise* *que je lusse*	passé plus-que-parfait	*que j'aie lu* *que j'eusse lu*
impératif	présent	*lis ; lisez*	passé	*aie lu, ayez lu*
participe	présent	*lisant*	passé	*ayant lu*
infinitif	présent	*lire*	passé	*avoir lu*

2 Aspects

■ L'action peut être présentée de deux façons :

▶ comme étant **en train de se faire ;** c'est **l'aspect non-accompli :**

On entend ce matin le bruit de la route ;

▶ comme étant **déjà faite** au moment où l'on s'exprime ; c'est **l'aspec accompli :**

On a réparé l'aspirateur.

Dans le premier exemple, *entend* est à la fois un présent et un non-accompli (= le bruit de la route s'entend) ; dans le deuxième exemple, *a réparé* es à la fois un présent et un accompli (= l'aspirateur se trouve actuellemer réparé).

■ **L'aspect se combine donc avec le temps ;** il y a des passés non-accomplis (comme l'imparfait dans certains de ses emplois), des passés accompl (comme le passé simple) et des non-accomplis présents (comme très souvent le passé composé) :

La tempête durait depuis huit jours (non-accompli passé) ;

La tempête dura huit jours (accompli passé) ;

La tempête s'est levée aujourd'hui (non-accompli présent).

3 Personnes et nombres

La forme du verbe varie avec le sujet du verbe :

	singulier	**pluriel**
1re personne	je *lir**ai***	nous *lir**ons***
2e personne	tu *lir**as***	vous *lir**ez***
3e personne	il/elle *lir**a***	ils/elles *lir**ont***

ATTENTION L'**impératif** est le seul mode personnel qui ne comporte que la 2e personne du singulier et du pluriel et la 1re personne du pluriel.

4 Les verbes impersonnels

On appelle **verbes impersonnels** (ou **unipersonnels**) les verbes qui ont que la **3e personne du singulier**, sans que celle-ci désigne un être ou n objet déterminé :

__il__ faut... ; __il__ pleut ; __il__ neige ; __Ça__ sent bon, ici !

Un verbe impersonnel s'emploie toujours avec le pronom sujet ***il*** ou, milièrement, avec le pronom ***ça***.

Les verbes impersonnels peuvent être des locutions verbales :

__Il__ fait beau.

EMARQUE On dit qu'un verbe est **pris impersonnellement** lorsqu'il est employé dans les mêmes conditions que les verbes impersonnels, tout en existant dans un autre sens à toutes les personnes :

__Il arrive__ souvent qu'un accident se produise à ce carrefour : arrive, pris impersonnellement ;

__Il arrive__ demain d'Angleterre : arrive, verbe personnel.

5 Radical et terminaison

Les formes verbales simples comportent un **radical**, qui représente l'idée ontenue dans le verbe, et une **terminaison** (ou **désinence**) qui indique le ode, le temps et la personne : dans *nous chantons*, ***chant-*** est le radical

(que l'on retrouve dans ***chant**eur*, ***chant**onner*) et ***-ons*** est la terminaison, qu
indique l'indicatif présent et la 1re personne du pluriel.

▶ **La terminaison** est donc essentiellement variable ; elle change selon l
personne, le temps et le mode :

*je chant**e** ; vous chant**erez** ; ils chant**èrent**.*

▶ **Le radical** s'obtient en enlevant la terminaison de l'infinitif :

***chant**-er, **fin**-ir, **entend**-re.*

Il est en général **identique** pour toute la conjugaison d'un verbe :

*Je **chant**-e, nous **chant**-ons.*

Mais ce n'est pas toujours le cas :

– les divers temps et modes peuvent être formés sur des **radicau
différents** :

*aller : je **vais**, j'**irai**, que j'**aille** ;*

– **le radical peut varier** à l'intérieur d'un même temps ou d'un temps
l'autre :

***ten**ir : je **tien**s, nous **ten**ons ; je **ten**ais, je **tiend**rai.*

33 LES AUXILIAIRES ET SEMI-AUXILIAIRES

L'auxiliaire est une forme verbale qui a perdu sa signification propre et qui sert à exprimer certains modes ou certains temps d'un autre verbe.
On distingue les auxiliaires proprement dits (*avoir* et *être*) : *J'ai lu ; nous sommes arrivés* ; les auxiliaires de temps, d'aspect ou de mode, ou semi-auxiliaires : *Je viens de lire.*

LE VERBE

1 Les auxiliaires *avoir* et *être*

- **L'auxiliaire *avoir*** s'emploie pour former les temps composés des verbes transitifs et de la plupart des verbes intransitifs à la voix active :

*Nous **avons** entendu des cris. Elle **a** vécu deux ans à Toronto.*

- **L'auxiliaire *être*** s'emploie pour former les temps simples et composés des verbes à la voix passive, les temps composés des verbes pronominaux et de certains verbes intransitifs (*naître, mourir, devenir, aller, partir*, etc.) :

*Il **est** surpris de ton arrivée. Le chien **s'est** jeté sur lui en aboyant. Le loup **est** tombé dans le piège.*

REMARQUE Certains verbes sont employés comme transitifs avec l'auxiliaire ***avoir*** et comme intransitifs avec l'auxiliaire ***être*** :

*Elle **a monté** les bagages* (transitif).
les bagages : C.O.D.

*Elle **est montée** au 3e étage* (intransitif).
au 3e étage : C.C. de lieu

2 Les auxiliaires de mode ou de temps

Certains verbes sont employés comme auxiliaires pour exprimer une valeur particulière de mode, d'aspect ou de temps. On les appelle **semi-auxiliaires**.

- **Auxiliaires de mode :**
  - ***aller*** = ordre : *Vous **allez** me refaire cela.*
  - ***devoir*** = probabilité : *Le locataire **doit** être sorti.*
  - ***pouvoir*** = souhait : ***Puissiez**-vous venir !*

■ **Auxiliaires d'aspect ou de temps :**

- ***venir de*** = passé très proche : *Elle **vient de** partir.*
- ***être en train de*** = action qui se fait : *Je **suis en train de** lire.*
- ***être sur le point de*** = futur très proche : *J'**étais sur le point de** sortir.*
- ***aller*** = futur proche : *Je **vais** lui parler.*
- ***devoir*** = futur : *Le temps semble **devoir** s'améliorer.*

LES CONJUGAISONS

- Conjuguer un verbe, c'est faire varier sa forme en fonction des modes, des temps et des personnes.
- On classe les verbes selon les terminaisons des temps et modes et selon les variations du radical.
- Ce classement permet de regrouper les verbes par types de conjugaison.

34 GROUPES ET FORMES VERBALES

1 Les groupes de conjugaison

■ On distingue **trois groupes** dans les conjugaisons, selon les formes verbales que présentent les verbes aux différents modes et temps :

▶ 1er groupe : ***aimer*** = verbes dont l'infinitif se termine par ***-er***
▶ 2e groupe : ***finir*** = — — — ***-ir*** (part. prés. ***-issant***)
▶ 3e groupe : ***offrir*** = — — — ***-ir*** (part. prés. ***-ant***)
recevoir = — — — ***-oir***
prendre = — — — ***-re***.

REMARQUE Le 1er et le 2e groupe s'enrichissent de nouveaux verbes ; le 3e groupe, au contraire, a tendance à s'appauvrir : de *téléphone*, on a fait ***téléphoner*** ; de *rouge*, ***rougir*** ; mais *se rappeler* (1er groupe) concurrence ***se souvenir*** (3e groupe) : *Je me souviens de mon enfance ; je me rappelle mon enfance.*

2 Les formes verbales dans les phrases négatives

■ **Dans les formes verbales simples**, le verbe s'intercale entre les deux parties de la négation : ***ne... pas, ne... point, ne... que, ne... jamais,*** etc.

*Je **ne** comprends **pas** votre obstination.*

■ **Dans les formes verbales composées**, l'auxiliaire seul s'intercale :

*Je **n'**ai **point** attendu votre conseil pour agir.*

■ **À l'infinitif**, la négation précède la forme simple :

*Il sait **ne pas** insister quand il a tort.*

L'infinitif de ***avoir*** et ***être*** peut être encadré par ***ne... pas*** :

*Il prétend **n'**avoir **pas** le temps* (ou ***ne pas** avoir le temps*) ;
*Je regrette de **n'**être **pas** venu* (ou *de **ne pas** être venu*).

3 Les formes verbales des phrases interrogatives

■ **Dans les propositions interrogatives directes,** le rejet du pronom après le verbe peut entraîner des modifications de l'orthographe en raison de la prononciation de certaines formes verbales :

- changement de l'***-e*** muet en ***-é*** (usage très rare) : *je parl**e** → parl**é**-je ?*
- adjonction d'un ***-t-*** pour empêcher l'hiatus : *acceptera-**t**-il ?*

Toutefois, pour éviter certaines formes, on emploie à la 1re personne, et souvent aux autres, la locution ***est-ce que... ?***, qui permet au sujet de rester devant le verbe :

__Est-ce que__ je pars tout de suite ? __Est-ce qu'__elle acceptera ?

REMARQUE Dans les propositions qui sont à la fois **interrogatives et négatives** (interro-négatives), la forme verbale simple ou l'auxiliaire s'intercalent entre les deux éléments de la négation :

__Ne__ viendra-t-elle __pas__ demain ? __Ne__ l'avez-vous __pas__ connu jadis ?

35 PARTICULARITÉS DES CONJUGAISONS

Les verbes du 1er groupe, tout en ayant les mêmes terminaisons que le verbe modèle *aimer*, présentent quelquefois des particularités, selon la forme du radical.
Les verbes du 2e groupe se conjuguent sur le modèle *finir*, sauf trois d'entre eux.
Les verbes du 3e groupe ne peuvent être conjugués à partir d'un modèle unique et comportent de nombreuses particularités.

1 Verbes du 1er groupe

Verbes en -cer, -ger

Les verbes en ***-cer*** prennent une cédille devant ***-a-*** et ***-o-*** ; les verbes en ***-ger*** prennent un ***-e-*** après le ***-g-*** devant ***-a-*** et ***-o-*** :

*pla**c**er* (infinitif présent) → *Je pla**ç**ais, nous pla**ç**ions* (indicatif imparfait) ;

*man**g**er* (infinitif présent) → *Je man**ge**ais, nous mangions* (indicatif imparfait).

Verbes en -yer, -ayer

Les verbes en ***-yer*** changent l'***-y-*** en ***-i-*** devant un ***-e-*** muet ; les verbes en ***-ayer*** peuvent conserver l'***-y-*** devant un ***-e-*** muet :

*netto**y**er* (infinitif présent) → *Je netto**ie**, il/elle netto**ie**, nous nettoyons, ils netto**ient*** (indicatif présent) ; *Je netto**ie**rai, nous netto**ie**rons* (indicatif futur) ;

payer (infinitif présent) → *Je pa**y**e (pa**i**e), il/elle pa**y**e (pa**i**e), nous payons, ils/elles pa**y**ent (pa**i**ent)* [indicatif présent] ; *Je pa**y**erai* (ou *pa**i**erai*) [indicatif futur].

Verbes en -eler

Les verbes en ***-eler*** redoublent le ***-l-*** devant une syllabe contenant un ***-e-*** muet, sauf : ***celer, ciseler, congeler, déceler, démanteler, écarteler, geler, marteler, modeler, peler***, qui changent l'***-e-*** muet de l'avant-dernière syllabe de l'infinitif en ***-è-*** ouvert :

appeler (infinitif présent) → *J'appe**lle**, il/elle appe**lle**, nous appelons, ils/elles appe**lle**nt* (indicatif présent) ;

peler (infinitif présent) → *Je p**è**le, il/elle p**è**le, nous pelons, ils/elles p**è**lent* (indicatif présent).

Verbes en *-eter*

es verbes en ***-eter*** redoublent le ***-t-*** devant une syllabe contenant un ***-e-*** uet, sauf : ***acheter, corseter, crocheter, fureter, haleter, racheter,*** qui hangent l'***-e-*** muet de l'avant-dernière syllabe de l'infinitif en ***-è-*** ouvert :

jeter (infinitif présent) → *Je je**tt**e, tu je**tt**es, il/elle je**tt**e, nous jetons, ils/elles je**tt**ent* (indicatif présent) ;

acheter (infinitif présent) → *J'ach**è**te, il/elle ach**è**te, nous achetons, ils/elles ach**è**tent* (indicatif présent).

Autres verbes dont l'avant-dernière syllabe contient un *-e-* nuet ou un *-é-* fermé

es verbes changent l'***-e-*** muet ou l'***-é-*** en ***-è-*** quand la syllabe qui suit ontient un ***-e-*** muet, sauf au futur et au conditionnel des verbes dont avant-dernière syllabe contient un ***-é-***.

semer (infinitif présent) → *Je s**è**me, il/elle s**è**me, nous semons, ils/elles s**è**ment* (indicatif présent) ; *je s**è**merai, nous s**è**merons* (indicatif futur) ;

révéler (infinitif présent) → *Je rév**è**le, il/elle rév**è**le, nous révélons, ils/elles rév**è**lent* (indicatif présent) ; *je rév**é**lerai, nous rév**é**lerons* (indicatif futur).

L'impératif

a 2e personne du singulier de l'impératif des verbes en ***-er*** ne prend jamais '***-s***, sauf devant ***-en*** et ***-y*** :

*parle**s-en**, va**s-y**.*

2 Verbes du 2e groupe

Les verbes du 2e groupe suivent le modèle du verbe ***finir*** *(voir tableau en fin e volume)*. Seuls trois verbes ont des formes particulières :

- ***haïr*** garde le tréma à toutes les formes, sauf aux trois personnes du sin- ulier de l'indicatif présent et à la 2e personne du singulier de l'impératif : *Je ais, tu hais, il/elle hait ;*
- ***fleurir***, au sens figuré de *prospérer*, forme son imparfait et son participe résent sur le radical ***flor-*** : *Les cités florissaient* mais *Les roses fleurissaient ;*
- ***bénir***, qui est régulier, a normalement un participe passé, ***béni***, sauf dans es expressions *pain béni**t**, eau béni**te**.*

3 Verbes du 3e groupe

■ Le 3e groupe comprend un petit nombre de verbes, **tous irréguliers** mais ceux-ci sont très usuels ; aucun verbe nouvellement formé ne se rattache à un des types de cette conjugaison *(voir tableaux en fin de volume)*.

■ Les verbes de la 3e conjugaison présentent de nombreuses irrégularités à la fois dans leurs **radicaux** et dans leurs **terminaisons** :

▶ des modifications du radical interviennent au cours de la conjugaison :
*je **reç**ois, nous **recev**ons ;* *je **meur**s, nous **mour**ons ;*

▶ le passé simple et le participe passé présentent des formes très diverses :
*je con**duisis**, con**duit** ;* *je v**is**, v**u** ;* *je re**çus**, re**çu** ;*
*je fu**is**, **fui** ;* *je f**is**, **fait** ;* *je pr**is**, **pris** ;*

▶ l'indicatif présent et l'impératif ont des terminaisons diverses :
prendre fait *je pren**ds**, il/elle pren**d*** (impératif : *pren**ds***) ;
peindre fait *je pein**s**, il/elle pein**t*** (impératif : *pein**s***) ;
savoir fait *je sa**is**, il/elle sa**it*** (impératif : *sa**che***) ;

▶ les seules terminaisons qui aient les mêmes formes pour tous les verbes sont celles de **l'indicatif imparfait et futur**, du **conditionnel présent**, du **participe présent :**
*je pren**ais**, je ven**ais** ; il sau**ra**, elle offri**ra** ;*
*elle pour**rait**, il voud**rait** ;*

▶ **le subjonctif imparfait** est toujours formé à partir du passé simple :
*je pr**is**, que je pr**isse** ;* *j'aper**çus**, que j'aper**çusse** ;*

▶ **le présent et le passé simple de l'indicatif** peuvent se confondre à l'oral aux trois personnes du singulier :
*je **fuis**, tu **fuis**, il **fuit** ;* *je **ris**, tu **ris**, elle **rit** ;*

ATTENTION **L'impératif** des verbes de la 3e conjugaison terminé par un ***-e*** muet prend un ***-s*** devant ***-en*** et ***-y*** :
*Cueille**s-en** quelques-unes.*

On emploie le mode indicatif pour exprimer une action ou un état certains, réels, généraux (*Il fait beau aujourd'hui*) ou considérés comme tels par celui qui parle ou écrit (*Il s'inquiète inutilement*).

1 Le présent

■ **Le présent exprime une action qui se produit (ou un état qui existe) au moment où l'on parle :**

*Je **vois**, de ma fenêtre, la pluie qui **tombe** à verse.*

● Valeurs particulières du présent

Le présent peut aussi exprimer :

- une idée générale, vraie de tout temps : *Le sage **réfléchit** avant d'agir ;*
- une action qui se répète habituellement : *Le soir, je **lis** d'ordinaire jusqu'à minuit ;*
- une action passée, que l'on veut rendre plus vivante (**présent de narration**) : *Elle se promenait tranquillement sur la route ; soudain **survient** une voiture ;*
- une action qui se produit dans un futur immédiat : *Il **arrive** dans un instant ;*
- une action future après ***si*** introduisant une proposition de condition dont la principale est au futur : *Demain, s'il fait beau, nous **irons** voir le lever du soleil.*

2 Le futur

■ **Le futur exprime une action qui doit ou peut se produire dans l'avenir, par opposition au présent et au passé :**

*Nous **verrons** bientôt revenir les beaux jours.*

● Valeurs particulières du futur

Le futur peut aussi exprimer :

- un ordre (comme l'impératif) : *Vous **prendrez** ces cachets tous les matins à jeun ;*
- une action présente, quand on veut atténuer l'expression d'un ordre (futur de politesse) : *Je vous **demanderai** de me laisser poursuivre mon exposé ;*
- une action passée venant après une autre action passée, dans les récits historiques : *Montcalm fut vaincu à Québec. De là **viendra** la perte de la Nouvelle-France ;*

▶ une idée générale, vraie en tout temps : *On ne **sera** jamais assez prudent ;*

▶ une action qui succède à une autre dans l'avenir : *Tu frapperas, et on t'**ouvrira** ;*

▶ une hypothèse probable, une supposition : *Qui a frappé ? ce **sera** la voisine*

▶ une protestation indignée : *Ils **auront** donc tous les droits !*

3 L'imparfait

■ **L'imparfait indique une action passée considérée dans sa durée :**

*Il **feuilletait** fébrilement son livre.*

● Valeurs particulières de l'imparfait

L'imparfait peut aussi indiquer :

▶ une action passée qui se répète (imparfait de répétition ou d'habitude) : *La semaine **il rentrait, prenait** son journal et **se mettait** à lire sans dire un mot ;*

▶ une action passée qui se produit en même temps qu'une autre exprimée au passé simple (imparfait de simultanéité) : *Elle **dormait** encore profondément quand **sonnèrent** huit heures ;*

▶ une action qui se produit soudain dans le passé : *Il s'étendit sur son lit ; cinq minutes après, le téléphone **sonnait ;***

▶ dans un récit au passé, les aspects habituels d'un être ou d'une chose (imparfait de description) : *Ses cheveux **tombaient** sur ses épaules ;*

▶ dans une proposition conditionnelle introduite par ***si***, la condition mise à la réalisation de l'idée exprimée par la principale : *Elle n'accepterait pas **si** je lui **offrais** mon aide ;*

▶ un regret : *Ah ! s'il **se souvenait** de tout ce qu'il a appris !*

▶ une atténuation polie d'une demande, d'une recommandation : *Je **voulais** vous demander votre avis.*

4 Le passé simple

■ **Le passé simple exprime une action achevée qui s'est produite à un moment bien déterminé du passé ;** il diffère donc de l'imparfait, qui exprime la durée ou la répétition :

*On **entendait** sans cesse du bruit au grenier ; on y **monta** :* l'action de monter, considérée comme un fait ponctuel, s'oppose à la durée du bruit entendu.

■ Le passé simple s'oppose au présent de l'indicatif, car **il exprime une action complètement achevée au moment où l'on parle :**

*Chacun sait que Christophe Colomb **découvrit** l'Amérique en 1492.*

5 Le passé composé

■ **Le passé composé exprime une action terminée à un moment non nécessairement précisé du passé :**

*Elle **a voyagé** souvent à l'étranger.*

● Valeurs particulières du passé composé

▸ Le passé composé peut aussi exprimer une action qui s'est passée à un moment déterminé, mais ce moment est compris dans l'actualité de la personne qui s'exprime : *Ce matin, je me **suis levé** à 6 heures.*

▸ Le passé composé peut s'employer, avec la valeur d'un futur antérieur, pour exprimer une action qui va s'achever dans un futur proche : *J'**ai fini** dans cinq minutes.*

▸ Le passé composé s'emploie au lieu du futur antérieur dans les propositions conditionnelles introduites par ***si*** : *Si demain la fièvre n'**a** pas **baissé**, appelez-moi.*

REMARQUE Dans la langue parlée, le passé composé a aujourd'hui remplacé le passé simple.

6 Le passé antérieur

■ **Le passé antérieur exprime une action passée qui s'est produite immédiatement avant une autre action passée.** Il s'emploie surtout dans des propositions introduites par une conjonction de temps (***quand***, ***lorsque***, ***dès que***, etc.) :

*Quand elle **eut achevé** son discours, elle sortit de la salle.*

■ Le passé antérieur exprime parfois, dans une proposition non subordonnée, **la succession rapide de deux actions dans le passé :**

*Il reçut un coup de poing, il **eut** vite **répondu** :* l'action de répondre a lieu, en réalité, après l'action de *recevoir*.

LES CONJUGAISONS

7 Le plus-que-parfait

■ **Le plus-que-parfait exprime une action qui s'est produite avant une autre action passée**, mais, à la différence du passé antérieur, il peut s'être écoulé un temps assez long entre les deux actions :

*Il **avait connu** l'aisance ; il était maintenant dans la misère.*

■ **Le plus-que-parfait exprime une action habituelle ou répétée qui s'est produite avant une autre action passée :**

*Lorsqu'elle **avait lu** un livre, elle en parlait toujours.*

● Valeurs particulières du plus-que-parfait

Le plus-que-parfait peut aussi exprimer :

▸ dans les propositions conditionnelles, la condition qui était mise à une action qui ne s'est pas réalisée : *Cet accident ne lui serait pas arrivé s'il **avait été** plus prudent ;*

▸ le regret d'une action passée qui ne s'est pas réalisée : *Ah ! si vous **aviez pu** savoir !*

8 Le futur antérieur

■ **Le futur antérieur exprime une action future qui doit ou peut se produire avant une autre action future :**

*Quand nous **aurons lu** ce paragraphe, vous pourrez sortir.*

● Valeurs particulières du futur antérieur

Le futur antérieur permet :

▸ d'exprimer aussi parfois une conjecture, une supposition : *Elle est en retard : elle **aura eu** un empêchement de dernière minute ;*

▸ d'atténuer, par politesse, l'expression d'un fait passé : *Vous vous **serez trompé** ;*

▸ d'exprimer aussi l'indignation : *Décidément j'**aurai** tout **vu** !*

▸ d'indiquer, dans les récits historiques, une action passée antérieure à une autre action passée : *Les troupes de Montcalm étaient dispersées. Quand il **aura pu** les rassembler, il sera trop tard.*

37 LE MODE SUBJONCTIF

Le mode subjonctif se présente avec deux valeurs principales.
Dans les phrases indépendantes, il relève de l'intention de celui qui parle.
Dans une subordonnée, il relève de la syntaxe car son emploi dépend du verbe de la principale.

1 Sens et emplois du subjonctif

- **Dans les propositions indépendantes ou principales**, le subjonctif xprime :
  - un ordre : *Qu'elle **prenne** la voiture pour venir ;*
  - une défense : *Que rien **ne soit décidé** en mon absence ;*
  - un souhait : *Que vos vacances **soient** réussies !*
  - une supposition : *Qu'un incident **survienne** et c'est la catastrophe.*

- **Dans les propositions subordonnées conjonctives**, le subjonctif s'em-loie quand le verbe de **la principale** exprime :
  - la volonté : *Je veux que vous **écoutiez** avec attention ;*
  - le doute, la crainte : *Je ne crois pas qu'elle **vienne** ; Je crains qu'il ne s'en **aper-oive** trop tard ;*
  - le sentiment : *Je suis heureux qu'elle **ait eu** beau temps.*

- **Dans les propositions subordonnées conjonctives ou relatives**, le ubjonctif peut s'employer quand **la subordonnée** exprime une idée :
  - de but : *Je lui montre la lettre afin qu'il **comprenne** toute l'affaire ;*
  - de concession : *Bien que la pièce **fût** médiocre, on ne s'ennuyait pas ;*
  - de condition : *Réglons cela, à moins que vous ne **vouliez** réfléchir ;*
  - de conséquence : *Ce n'est pas si compliqué qu'on ne **puisse** comprendre.*

2 Les temps du subjonctif dans les subordonnées

- Dans les propositions subordonnées, **le temps du subjonctif dépend lu temps du verbe de la principale** (concordance des temps).

principale	subordonnée	exemples
présent ou **futur**	**présent** (action présente ou future) **passé** (action passée)	*Je* ***doute*** *qu'elle* ***ait*** *assez d'énergie.* *Demain j'****exigerai*** *qu'il se* ***taise****.* *Je* ***doute*** *qu'elle* ***ait eu*** *assez d'énergie.* *Demain j'****exigerai*** *que tu* ***aies fini*** *pour cinq heures.*
passé ou **conditionnel**	**imparfait** (action simultanée) **plus-que-parfait** (action qui précède)	*Je* ***voudrais*** *qu'il* ***eût*** *assez d'énergie.* *Je* ***craignais*** *qu'il ne* ***fût venu*** *pendant mon absence.*

REMARQUE L'imparfait et le plus-que-parfait du subjonctif ne s'emploien guère que dans la langue écrite et dans la langue parlée soutenue. On di habituellement : *Je voudrais qu'il ait assez d'énergie. Je craignais* (ou *j'avai peur*) *qu'il (ne) soit venu.*

38 LE MODE IMPÉRATIF

L'impératif exprime un ordre ou une défense :

Regardez ces fleurs, ne les cueillez pas.

À la 1re personne du singulier et aux 3es personnes du singulier et du pluriel, le subjonctif présent supplée l'impératif :

Qu'elle rentre avant huit heures !

1 Valeurs particulières de l'impératif

■ **En plus de l'ordre et de la défense, l'impératif exprime aussi :**

- le conseil : *Ne vous **énervez** pas. **Attendez !***
- le souhait : ***Passez** de bonnes vacances, vous et les vôtres ;*
- la supposition : ***Ôtez** la virgule, le sens devient différent ;*
- la prière : ***Faites**, ô mon Dieu, qu'il reconnaisse son erreur !*

■ On se sert parfois, pour inviter quelqu'un de façon pressante à ne pas faire quelque chose, de **l'impératif négatif** du verbe ***aller*** suivi d'un infinitif :

*N'**allez** pas **penser** que je vous soupçonne.*

2 Valeur des temps de l'impératif

■ **L'impératif présent** exprime un ordre, une demande ou une défense portant sur le présent ou l'avenir :

***Versez**-moi à boire.*

*Ne **viens** pas mardi, **téléphone**-moi.*

Il peut aussi exprimer une **condition mise à la réalisation de l'action** exprimée dans la proposition qui suit :

***Accepte** ma proposition et je me retire.*

***Parlez**-lui de politique, il ne vous écoute pas.*

■ **L'impératif passé** exprime un **ordre** (ou une défense) qui devra être accompli à un moment de **l'avenir :**

***Soyez levés** demain avant huit heures.*

39 LE MODE CONDITIONNEL

Le conditionnel exprime une action ou un état qui dépendent, pour leur réalisation, de certaines conditions :

Si je le savais, je te le dirais volontiers (le fait de le dire dépend du degré d'information où je suis).

En cas de subordination conditionnelle, le mode conditionnel s'emploie seulement dans la proposition principale.

LES CONJUGAISONS

1 Valeurs particulières du conditionnel

■ **Le conditionnel peut exprimer :**

▶ un fait imaginé : *On se **croirait** en été ;*

▶ la supposition : *Au cas où vous **changeriez** d'avis, prévenez-moi ;*

▶ le souhait : *J'**aimerais** aller à la mer cet été ;*

▶ l'étonnement : *Elle **viendrait** samedi pour repartir lundi matin ?*

▶ l'incertitude : *On **serait** sur la piste des coupables ;*

▶ la politesse : *Je **désirerais** que vous répondiez dès que possible* (moins impératif que « je désire que vous répondiez ») ;

▶ l'indignation : *Et je **devrais** me taire !*

2 Les temps du conditionnel

temps	sens	exemples
conditionnel présent	**potentiel** (action possible dans l'avenir) **irréel du présent** (action impossible présentement)	*Si vous me donniez son adresse, j'**irais** tout de suite la trouver.* *Si je ne vous savais pas étourdi, je vous **confierais** cette lettre* (mais je sais que vous l'êtes).
conditionnel passé	**irréel du passé** (action qui n'a pu se réaliser)	*Si j'avais su que vous étiez à Lyon, je **serais allé** vous voir* (mais je ne le savais pas).

3 Le conditionnel employé comme futur

Les conditionnels présent ou passé s'emploient dans les **subordonnées** avec la valeur de futur simple ou antérieur quand le verbe de la principale (verbes d'énonciation, d'opinion) est au passé. C'est ce qu'on appelle **le futur dans le passé** :

*Il **affirme** qu'il **viendra** →* *Il **affirmait** qu'il **viendrait** ;*
*Il **affirme** qu'il **viendra** → dès qu'il **aura terminé**.* *Il **avait** affirmé qu'il **viendrait** dès qu'il **aurait terminé**.*

40 LE MODE INFINITIF

L'infinitif est une forme verbale qui exprime une action sans indication de personne ni de nombre :

Nous avons vu l'orage venir, les nuages s'amonceler.

L'infinitif peut aussi jouer le rôle d'un nom et en avoir toutes les fonctions :

Elle consacrait plusieurs heures par jour à lire (= à la lecture) ; ici, *lire* est complément d'attribution de *consacrait*.

1 Les temps de l'infinitif

■ **L'infinitif présent** indique une action qui se produit en même temp que celle du verbe principal :

*Je l'entends **chanter** → Je l'ai entendu **chanter**.*

■ **L'infinitif passé** indique une action qui s'est produite avant celle qui es exprimée par le verbe principal :

*Après **avoir rangé** ses livres, il se prépare à aller en classe.*

2 Valeurs particulières de l'infinitif comme verbe

■ **Parmi les emplois particuliers de l'infinitif comme verbe d'une phrase on distingue :**

▶ l'infinitif d'ordre, mis pour l'impératif, exprimant ordre ou défense (avec la négation) :

***Agiter** le flacon avant de s'en servir ; **Ne pas exposer** à l'humidité ;*

▶ l'infinitif de narration, mis pour l'indicatif. Précédé de la préposition ***de*** il indique une action qui fait suite rapidement à ce qui vient d'être dit. Ce emploi appartient à la langue littéraire :

*Elle acheva son histoire, et tous **de rire** ;*

▶ l'infinitif exclamatif, mis pour l'indicatif, exprime la surprise :

*Moi, lui **dire** que je l'aime ! Je n'oserais jamais !*

▶ l'infinitif de délibération exprime l'incertitude :

*Que **faire** ? Qui **croire** ?*

3 Fonctions de l'infinitif employé comme nom

■ **L'infinitif employé comme nom** (infinitif substantivé) **a toutes les fonctions du nom :**

- sujet : ***Promettre*** *est facile,* ***tenir*** *est difficile* (*promettre* et *tenir*, sujets de *est*) ;
- sujet réel : *Il est bon de* ***parler*** *et meilleur de* ***se taire*** (*parler* et *se taire*, sujets réels de *est*) ;
- complément du nom : *Je fus retenu par la crainte de le* ***vexer*** (*vexer*, complément du nom *crainte*) ;
- complément de l'adjectif : *C'est une manœuvre très difficile à* ***faire*** (*faire*, complément de l'adjectif *difficile*) ;
- attribut : *Votre devoir est d'****intervenir*** (*intervenir*, attribut du sujet devoir) ;
- C.O.D. : *Elle aurait aimé vous* ***seconder*** *dans ce travail* (*seconder*, C.O.D. de *aurait aimé*) ;
- C.O.I. : *A-t-elle pensé à* ***envoyer*** *la lettre ?* (*envoyer*, C.O.I. de *a pensé*) ;
- C.C. de but : *Il ne sait que faire pour la* ***contenter*** (*contenter*, C.C. de but de *ne sait que faire*) ;
- C.C. de manière : *Elle passa devant moi sans me* ***saluer*** (*saluer*, C.C. de manière de *passa*) ;
- C.C. de cause : *Pour* ***avoir*** *trop* ***mangé****, elle eut une indigestion* (*avoir mangé*, C.C. de cause de *eut*) ;
- C.C. de moyen : *À force de* ***réclamer****, elle obtint satisfaction* (*réclamer*, C.C. de moyen de *obtint*) ;
- C.C. de temps : *Avant d'****avoir pu*** *me mettre à l'abri, je fus trempé* (*avoir pu*, C.C. de temps de *fus trempé*) ;
- C.C. de conséquence : *Il est faible au point de* ***s'évanouir*** (*s'évanouir*, C.C. de conséquence de *est faible*) ;
- C.C. de condition : *À* ***courir*** *après lui, je serais vite essoufflée* (*courir*, C.C. de condition de *serais essoufflée*) ;
- C.C. de concession : *Pour* ***être sévère****, je n'en suis pas moins compréhensif* (*être sévère*, C.C. de concession de *suis* [= bien que je sois sévère]).

■ **Associer plusieurs sujets construits autour d'un infinitif substantivé** crée un sujet qui exprime **une seule idée**. Le verbe, dans ce cas, se met au singulier :

Gérer son temps et calculer son budget ***est*** *utile.*

41 LE MODE PARTICIPE

Le participe est une forme verbale qui peut avoir la valeur d'un verbe en exprimant une action ou un état, et la valeur d'un adjectif en se rapportant à un nom ou un pronom dont il indique une qualité. Il existe un participe présent et un participe passé.

1 Le participe présent

■ **Le participe présent est employé comme verbe ou comme adjectif.**

▶ **Participe présent proprement dit :** forme verbale invariable, souvent suivie d'un complément exprimant une action en train de se faire :

*Une meute **hurlant** de fureur s'acharnait sur la bête.*

▶ **Gérondif :** forme verbale invariable, précédée de la préposition ***en***, et exprimant une circonstance du verbe principal :

***En prenant** l'escabeau, vous atteindrez le rayon.*

*Elles défilèrent dans les rues **en chantant**.*

▶ **Adjectif verbal :** employé comme adjectif qualificatif, variable, exprimant une qualité :

*Vous avez des enfants très obéissant**s**. La meute hurlant**e** des chiens.*

ATTENTION Il y a parfois des **différences orthographiques** entre le **participe présent** proprement dit et l'**adjectif verbal**, par exemple :

– participe présent : *provoquant, fatiguant, vaquant, naviguant, négligeant ;*

– adjectif verbal : *provocant, fatigant, vacant, navigant, négligent.*

2 Le participe passé

■ **Le participe passé peut être employé comme verbe ou comme adjectif.**

▶ **Participe passé proprement dit :** forme verbale souvent suivie d'un complément, exprimant une action passée ou un état présent :

***Appliqués** à leur travail, ils ne nous avaient pas vus* (= étant appliqués).

▶ **Adjectif verbal :** employé comme adjectif qualificatif :

*Marie est une élève **appliquée**.*

LES ACCORDS DU VERBE

■ Le verbe à un mode personnel s'accorde en personne et en nombre avec le sujet. Cet accord manifeste le lien étroit qui existe entre les deux éléments essentiels de la phrase : le groupe du nom (ou son remplaçant, le pronom) et le groupe du verbe.

■ L'accord du participe passé est le point le plus compliqué de la grammaire française : il dépend de l'auxiliaire, du complément et de la place de ce dernier.

42 L'ACCORD DU VERBE AVEC LE SUJET

1 Accord du verbe avec un seul sujet

■ **Si le verbe a un seul sujet, il s'accorde en nombre et en personne avec ce sujet :**

Il	*descend*	*les escaliers.*	*Les enfants*	*jouent*	*dans la cour.*
sujet 3e pers. sing.	verbe 3e pers. sing.		sujet 3e pers. plur.	verbe 3e pers. plur.	

Toi qui aimes tant te baigner, tu serais heureuse ici (sujets : 2e pers. sing. ; verbes : 2e pers. sing.) ;

C'est moi qui suis votre nouvelle voisine (sujet : 1re pers. sing. ; verbe : 1re pers. sing.).

● Cas particuliers avec un seul sujet

▶ **Le verbe est au pluriel** si le sujet est ***beaucoup***, ***la plupart*** ou un adverbe de quantité accompagnés d'un nom complément au pluriel :

La plupart des invités étaient venus.

Beaucoup de badauds s'arrêtaient.

Bien des femmes riaient.

Trop de gens criaient.

▶ **Le verbe est au singulier ou au pluriel** (selon la nuance de sens) si le sujet est une des expressions ***un des... qui***, ***un tiers***, ***un quart***, ou un nom collectif, suivis d'un complément au pluriel :

C'est une des pièces qui constituent l'ensemble.

C'est une des pièces qui est essentielle à l'ensemble.

C'est un des films qui plaît ou *plaisent le plus au public.*

Une foule d'admirateurs l'attendait ou *l'attendaient à la sortie.*

▶ Lorsqu'un pronom relatif sujet a pour antécédent un pronom personnel, **le verbe de la proposition relative se met à la même personne et au même nombre que l'antécédent :**

Est-ce toi qui le leur as interdit ?

C'est nous qui avons inventé cette histoire.

2 Accord du verbe avec plusieurs sujets

■ **Quand un verbe a plusieurs sujets, il se met au pluriel :**

Le chêne et l'érable masquaient la façade de l'hôtel.

Quand le verbe a des sujets de personnes différentes, il se met à la :

- 1re personne du pluriel si les sujets sont aux 1re et 2e personnes :
  Toi et moi (= nous) *nous* ***sommes*** *d'accord sur cette question ;*
- 1re personne du pluriel si les sujets sont aux 1re et 3e personnes :
  Mes amis et moi (= nous) ***sommes*** *allés ensemble à Tunis ;*
- 2e personne du pluriel si les sujets sont aux 2e et 3e personnes :
  Ta sœur et toi (= vous) *vous vous ressembl**ez** beaucoup.*

ATTENTION Quand le verbe a pour sujet un ***vous de politesse***, le participe passé (et, éventuellement, l'adjectif attribut) se met au singulier :
*N'avez-**vous** pas été ém**u** en l'entendant ? Je **vous** croyais sensibl**e**.*

Cas particuliers avec plusieurs sujets

- Le verbe peut être indifféremment **au singulier** ou **au pluriel :**

si les sujets au singulier sont réunis par les conjonctions ***comme***, ***ou***, ***ni***, ***insi que*** :
*Ni lui ni sa femme n'entend**it*** ou *n'entend**irent** sonner ;*

si le sujet est ***l'un et l'autre*** :
L'un et l'autre sont *tomb**és*** ou ***est*** *tomb**é**.*

- Le verbe est **au pluriel** lorsque le sujet est joint à un autre nom de même nportance par la préposition ***avec*** :
  Ma sœur avec son ami sont *all**és** au cinéma.*

i le deuxième nom est accessoire, le verbe reste au singulier :
L'homme avec *son chien march**ait** dans la forêt.*

- **Le verbe impersonnel,** ou le verbe employé à la tournure impersonelle, **ne s'accorde jamais avec le sujet réel,** mais reste à la 3e personne du ingulier :
  Il *tomb**ait** de larges gouttes tièdes* (*gouttes*, sujet réel ; accord avec le sujet apparent *il*).
- ***C'est*** peut rester invariable avec un nom ou un pronom au pluriel :
  *C'**est eux*** ou *ce **sont eux** les coupables.*
  *C'ét**ait*** ou *c'ét**aient** de **véritables festins**.*

ATTENTION Lorsque le verbe a plusieurs sujets qui expriment une seule idée générale, il se met au singulier.
*Dormir et manger **est** indispensable pour travailler.*

LES ACCORDS DU VERBE

43 L'ACCORD DU PARTICIPE PASSÉ

L'accord du participe passé est une des difficultés majeures du français. Cet accord dépend en effet de l'auxiliaire, de la nature du complément et de sa place, et, pour les verbes pronominaux, de la fonction des pronoms.

1 Participe passé employé sans auxiliaire

■ Le participe passé employé sans auxiliaire **s'accorde** en genre et en nombre **avec le nom auquel il se rapporte,** comme les adjectifs qualificatif auxquels il peut être assimilé :

*Les **villas** édifi**ées** sur la colline jouissent d'une vue étendue.*
*Abandonn**ée** au bord de la route, une **voiture** accident**ée** rouillait.*

2 Participe passé conjugué avec *avoir*

Règle

■ **Le participe passé conjugué avec** l'auxiliaire ***avoir*** (temps composé de verbes actifs) **s'accorde** en genre et en nombre **avec son complément d'objet direct, lorsque ce complément le précède :**

*Vous avez **pris** → la bonne **route** ;*
*C'est la bonne **route que** vous avez pri**se**.*

ATTENTION **Le participe reste invariable :**
- si le verbe n'a pas de complément d'objet direct :

  *Ils ont répond**u*** (pas de C.O.D.) ;
  *Ils ont répond**u** sans retard* (*sans retard* : C.C. de manière) ;
  *Ils ont répond**u** vite à notre lettre* (*à notre lettre* : C.O.I.).
- si le complément d'objet direct est placé après le participe :

  *Nous avons mang**é des fruits**. Elle a reç**u** de bonnes **nouvelles**.*

Suivi d'un infinitif

■ Le participe passé conjugué avec ***avoir*** et **suivi d'un infinitif complément d'objet** reste **invariable :**

*Vous auriez **dû** écouter* (*écouter* : infinitif C.O.D.) ;
*Vous auriez **dû** écouter nos conseils.*
*Les conseils que vous auriez **dû** écouter.*
(*conseils* : C.O.D. de l'infinitif *écouter* et non du verbe *devoir*)

Cette construction se trouve avec les **verbes de perception** (*voir, entendre, sentir,* etc.) et **certains verbes impliquant l'obligation, la volonté,** etc. (*laisser, faire, vouloir, devoir, pouvoir, omettre de,* etc.).

ATTENTION

- Avec les verbes ***voir***, ***regarder***, ***entendre***, ***sentir*** et ***laisser***, il ne faut pas confondre le sujet de l'infinitif avec son complément d'objet direct :

  *J'ai entendu entrer **Odile*** (= qu'Odile entrait) : *Odile* est sujet de *entrer* et C.O.D. de *ai entendu* ;

  *J'ai entendu féliciter **Odile*** (= qu'on félicitait Odile) : *Odile* est C.O.D. de *féliciter* et non pas du verbe *ai entendu*.

- Quand **le sujet de l'infinitif est placé avant le participe passé**, celui-ci s'accorde en genre et en nombre avec le sujet de l'infinitif :

  *la **cantatrice que** j'ai entendue chanter : cantatrice* est sujet de l'infinitif et précède le participe passé *entendu* : il y a donc accord ; j'ai entendu qui ? La cantatrice, représentée par *que*. Elle chantait.

Au contraire, dans : *la romance que j'ai entendu chanter, que*, mis pour *romance*, n'est pas sujet mais C.O.D. de *chanter*. Dans ce cas, *entendu* reste invariable.

Précédé du pronom *en*

Le participe passé conjugué avec l'auxiliaire ***avoir*** reste **invariable** si le **complément d'objet direct qui précède** est le pronom ***en*** **:**

*J'ai cueilli des fraises dans le jardin et j'**en** ai mangé* (= j'ai mangé une partie des fraises).

Précédé du pronom *l'* représentant une proposition

Le participe passé conjugué avec ***avoir*** qui a pour **complément d'objet direct** le pronom neutre ***l'*** (représentant toute une proposition) reste **invariable :**

*La journée fut plus belle qu'on ne **l'**avait espéré :* *l'*, C.O.D. de *avait espéré*, représente la proposition : *la journée fut plus belle* (= le fait que la journée...).

Verbes intransitifs

Les participes passés ***couru***, ***coûté***, ***pesé***, ***valu***, ***vécu*** restent **invariables** quand ils sont **employés au sens propre**. Ils sont intransitifs :

La somme importante qu'a coûté ce pardessus : sens propre ; pas d'accord car il n'y a pas de C.O.D. (on ne peut dire : a coûté quoi ? mais : a coûté combien ? *somme* est C.C. de prix) ;

Les vingt minutes que nous avons couru : sens propre ; pas d'accord car il n'y a pas de C.O.D. (on ne peut dire : couru quoi ? mais : couru pendant combien de minutes ? *minutes* est C.C. de temps).

ATTENTION **Employés au sens figuré,** ces verbes sont transitifs et **s'accordent** avec le complément d'objet direct qui les précède :

*Les **efforts qu'**a **coûtés** cet examen* : sens figuré ; accord car cet exame a coûté quoi ? des efforts (*efforts* est C.O.D.) ;

*Les **dangers que** nous avons cour**us*** : sens figuré ; accord car nous avons couru quoi ? des dangers (*dangers* est C.O.D.).

Verbes impersonnels

Le participe passé des **verbes impersonnels** ou **pris impersonnellemen** reste **toujours invariable** :

*Les deux jours **qu'**il a neig**é*** : *qu'*, mis pour *jours*, est C.C. de temps de *a neigé*

*Les accidents nombreux **qu'**il y a **eu** cet été* : *qu'*, mis pour *accidents*, sujet réel de *a eu*.

3 Participe passé conjugué avec *être*

Verbes passifs et verbes intransitifs

Conjugué avec ***être***, le participe passé des **verbes passifs** et de **certains ver bes intransitifs s'accorde** en genre et en nombre **avec le sujet du verbe :**

*La **villa** a été **louée** pour un mois.* (villa : sujet fém. sing. ; louée : participe au fém. sing.)

*Les **hirondelles** sont part**ies**.*

Verbes essentiellement pronominaux et pronominaux à sens passif

Le participe passé des **verbes essentiellement pronominaux** ou des **ver bes pronominaux à sens passif,** toujours conjugués avec l'auxiliaire ***êtr*** **s'accorde** en genre et en nombre **avec le sujet :**

***Ils se** sont aperç**us** de leur erreur. Ces **robes se** sont bien vend**ues**.*

Verbes pronominaux réfléchis et réciproques

■ Les participes passés des **verbes pronominaux réfléchis** et **récipro ques**, toujours conjugués avec l'auxiliaire ***être***, suivent la règle des participe passés conjugués avec l'auxiliaire *avoir* et **s'accordent** en genre et en nom ɔre **avec le pronom** réfléchi ou réciproque (***me***, ***te***, ***se***, ***nous***, ***vous***) **si celui-ci ɛst complément d'objet direct :**

*Elle **s'**est regard**ée** dans la glace :* elle a regardé qui ? *elle* (représentée par *s'*), dans la glace → *s'*, pronom réfléchi, est C.O.D., il y a donc accord ;

*Vous **vous** êtes batt**us** dans la rue :* vous avez battu qui ? *vous* → *vous*, pronom réciproque, est C.O.D., il y a donc accord.

- Le participe passé **ne s'accorde pas avec le pronom** réfléchi ou réciproque **si celui-ci est complément d'objet indirect ou complément d'objet econd :**

*Ils se sont lav**é** les mains :* ils ont lavé les mains à qui ? à eux (représentés par *se*) → *se* est C.O.S., il n'y a donc pas d'accord ;

*Nous nous sommes écri**t** :* nous avons écrit à qui ? à nous (= les uns aux autres) → *nous* est C.O.S., il n'y a donc pas d'accord.

ATTENTION **Si le complément d'objet direct** du verbe pronominal réfléchi ou réciproque est placé **avant le participe**, ce dernier s'accorde avec lui :

*La jambe **qu'**il s'est tord**ue*** : *qu',* mis pour *jambe*, C.O.D. de *s'est tordu* ;

*Les injures **qu'**ils se sont adress**ées*** : *qu',* mis pour *injures*, C.O.D. de *se sont adressé*.

LES MOTS INVARIABLES

- **L'adverbe est un mot invariable qui modifie le sens d'un adjectif, d'un verbe ou d'un autre adverbe.**
- **La préposition est un mot invariable qui joint un nom (pronom, adjectif, infinitif, etc.) à un autre terme (verbe, nom, etc.).**
- **La conjonction est un mot ou une locution invariable qui sert à relier deux éléments (mots ou propositions).**
- **L'interjection est un mot invariable qui sert à exprimer une émotion, un ordre ou un bruit.**

44 LES ADVERBES

Les adverbes peuvent être des mots simples (*bien, fort, toujours, là*...) ou des locutions adverbiales (*tout de suite, à rebours*...).
Il existe des adverbes de manière, de quantité, de lieu, de temps, d'opinion (affirmation, négation), d'interrogation.
Tout comme l'adjectif, l'adverbe peut avoir des compléments.

1 Adverbes de manière

■ **Les adverbes de manière remplacent un complément de manière ou modifient l'action exprimée par le verbe :**

*Il agit **bien**.* *Il chante **faux**.* *Elle récite **par cœur**.*

■ Ce sont :

- des adverbes d'origine latine : *bien, mal, mieux ;*
- des adjectifs pris comme adverbes : *juste, faux, clair ;*
- des locutions adverbiales : *de bon gré, à gauche ;*
- des adverbes formés avec le suffixe ***-ment*** à partir d'adjectifs.

REMARQUES

1. Les adverbes de manière peuvent avoir le **sens d'adverbes de quantité**
*Elle est **bien** insouciante* (= elle est très insouciante).
2. Les adverbes de manière peuvent **devenir des noms :**
*On peut escompter **un léger mieux** dans son état : mieux*, ici, est un nom précédé de l'article et accompagné d'un adjectif.

Adverbes de manière en *-ment*

La plupart des adverbes de manière en ***-ment*** sont formés en ajoutant simplement le suffixe ***-ment*** au féminin des adjectifs :

*heureux → heureu**se** → heureu**sement**.*

Exceptions

– Les adjectifs terminés par ***-ant*** et ***-ent*** forment leurs adverbes en ***-amment*** et ***-emment : ****sav**ant** → sav**amment** ; prud**ent** → prud**emment**.*

– Certains adjectifs forment leurs adverbes avec le suffixe ***-ément :***

*précis → précis**ément** ; profond → profond**ément**.*

– Les adjectifs terminés par une voyelle ont souvent perdu le ***-e*** du féminin (parfois remplacé par un accent circonflexe) :

*hardi → hardi**ment** ; assidu → assidû**ment** ; goulu → goulû**ment**.*

– Certains adverbes de manière ont été faits sur des formes disparues ou sur des adjectifs qui n'existent qu'en ancien français :

*bref → br**ièvement** ; **sciemment**.*

– Quelques adverbes en ***-ment*** sont formés sur des noms :
*bête → bête**ment** ; diable → diable**ment**.*

REMARQUE Les adverbes de manière, comme les adjectifs, ont des **comparatifs** et des **superlatifs** :

*Il réfléchit **plus** longuement. Il est vêtu **très** élégamment ;*
*Elle va bien → elle va **mieux** → elle va **le mieux** du monde.*

2 Adverbes de lieu

Les adverbes de lieu ont le sens d'un complément circonstanciel de lieu. Ce sont des mots simples ou des locutions adverbiales :

*Il chercha **partout** ses lunettes, mais ne les trouva **nulle part**.*

Ils expriment :

- le lieu où l'on est ou bien le lieu où l'on va : *là, où, ici, ailleurs, à droite, à gauche, dedans, derrière, dessous, dessus, dehors, quelque part, partout, en, y...*
- le lieu d'où l'on vient : *d'où, d'ici, de là, de partout, d'ailleurs, de derrière...*
- le lieu par où l'on passe : *par où, par ici, par là, y...*

REMARQUES

1. L'adverbe ***ici*** marque le rapprochement ; l'adverbe ***là***, l'éloignement :
Ici on est à l'ombre, là le soleil est trop chaud.

2. L'adverbe ***voici*** (considéré aussi comme verbe ou comme préposition) désigne ce qui est rapproché ou ce qui suit ; ***voilà***, ce qui est éloigné ou ce qui précède :
***Voilà** qui est fort bien dit ; **voici** maintenant ce qu'il faut faire.*

3. ***En*** et ***y*** sont aussi des pronoms personnels.

3 Adverbes de temps

Les adverbes de temps ont le sens d'un complément circonstanciel de temps. Ce sont des mots simples ou des locutions adverbiales, exprimant :

- la date ou le moment : *désormais, hier, aujourd'hui, demain...*
- la répétition : *souvent, fréquemment, de nouveau...*
- la durée : *toujours, longtemps, pendant ce temps...*
- l'ordre dans les événements : *avant, après, ensuite, dès lors, alors...*

REMARQUE Plusieurs adverbes de temps peuvent avoir des comparatifs et des superlatifs : *souvent, moins souvent, plus souvent, très souvent, le plus souvent.*

4 Adverbes de quantité

■ **Les adverbes de quantité indiquent une quantité ou un degré :**

*Il y a **peu de** fruits cette année. Son mal est **moins** grave qu'il le dit.*

■ Les adverbes de quantité peuvent être :

- des mots simples : *trop, suffisamment, assez, autant, aussi, si...*
- des locutions adverbiales : *à peine, à moitié, peu à peu...*

■ Quand ils expriment le degré, ils peuvent être suivis d'une propositio subordonnée de comparaison :

*Elle est **aussi** aimable **que l'était sa mère**.*

5 Adverbes d'opinion

Les adverbes d'affirmation

■ **Les adverbes d'affirmation servent à exprimer, renforcer ou atté nuer une affirmation.** Ce sont des mots simples *(oui, certes, évidemment..* ou des locutions adverbiales *(sans doute, peut-être...)* :

***Oui**, j'essaierai. **Assurément** elle viendra. **Peut-être** se décidera-t-elle.*

■ L'adverbe d'affirmation ***si*** s'emploie (à la place de *oui*) après une questio posée à la forme négative :

*N'as-tu pas compris ? — **Si**.*

ATTENTION ***Si*** peut aussi être conjonction de subordination, adverbe interrogatif, adverbe de quantité.

Les adverbes de négation

Les adverbes de négation servent à exprimer la négation sous ses diver ses formes. Ce sont essentiellement les adverbes ***non*** et ***ne*** (renforcés o non par d'autres adverbes).

- **Non** peut exprimer :

– une réponse négative à une question posée à la forme affirmative : *Fait-froid ce matin ? — **Non** ;*

– le renforcement d'une négation : ***Non**, je ne la recevrai pas ;*

– une négation portant sur un mot : *devoir **non** remis ;*

– une opposition de deux groupes : *Elle l'a fait involontairement, **non** par intérê*

- ***Ne... pas*** est la négation usuelle : *Elle **n'a pas** entendu. Je **ne** sais **pas**.*

- ***Ne... point*** est la négation littéraire : *Elle **ne** s'en était **point** souvenue.*
- ***Ne... goutte*** est une négation employée dans la seule expression *n'y voir* [g]outte : *Il **n'**y voit **goutte** ; il doit porter des lunettes.*
- ***Ne... plus*** signifie *ne... pas désormais* : *Il **ne** sort **plus** de chez lui.*
- ***Ne... guère*** signifie *ne... pas beaucoup* : *Je **ne** l'ai **guère** vu ces jours-ci.*
- ***Ne... que*** signifie *seulement* : *Je **ne** reste **qu'**un instant* (= je reste seulement [u]n instant) ; *Elle **ne** connaît **que** l'anglais* (= elle connaît seulement l'anglais).
- ***Ne*** est parfois employé seul, sans ***pas*** ou ***point*** :
  - dans certaines expressions : *Il y a plus d'un mois qu'il **n'**a plu. À Dieu **ne** [pl]aise ! **N'**était votre étourderie...* (= si vous n'étiez pas étourdi) ;
  - avec ***aucun***, ***personne***, ***rien***, ***nul***, ***ni*** : *Il **ne** m'a **rien** remis pour vous.*
  - dans l'expression ***que ne*** signifiant *pourquoi ne pas* : ***Que ne** le lui aviez-vous [d]it ! **Que ne** le faites-vous !*
  - souvent après ***si*** : *Si je **ne** me trompe, je l'entends ;*
  - souvent avec les verbes ***oser***, ***pouvoir***, ***savoir*** : *Elle **n'**osait l'interrompre.*
  - dans les subordonnées relatives consécutives, dont la principale est à [l]a forme négative : *Il n'y a pas de chagrin que le temps **n'**adoucisse.*

ATTENTION ***Ne*** peut être employé dans des phrases qui ne devraient pas contenir de négation car elles ont un sens affirmatif ; c'est le ***ne* explétif**.
Il est fréquent dans des subordonnées dépendant :
– de **verbes de crainte** (phrases affirmatives ou interrogatives) : *Je crains qu'il **ne** vienne ; Crains-tu qu'il **ne** vienne ? Elle a peur qu'il **ne** soit trop tard ;*
– de **verbes d'empêchement**, sauf **défendre** : *Tu empêcheras qu'elle **ne** s'éloigne ;*
– de **verbes de doute** (phrases négatives ou interrogatives) : *Je ne doute pas qu'il **ne** se rétablisse ;*
ou dans les subordonnées introduites par :
– de peur que, avant que, à moins que : *Préviens-la avant qu'il **ne** soit là ;*
– peu s'en faut, autre, autrement que, ou après ***que*** comparatif : *Il est moins habile que je **ne** pensais.*

La double négation

[L]a double négation peut exprimer :

- une affirmation atténuée : *Elle **n'**a **pas** dit **non*** (= elle a presque dit oui) ;
- une nécessité : *Tu **ne** peux **pas ne pas** accepter* (= tu es obligée d'accepter) ;
- une affirmation absolue : *Il **n'**est **pas sans** savoir* (= il est absolument cer[t]ain qu'il sait).

6 Adverbes d'interrogation

■ **Les adverbes d'interrogation introduisent des questions qui portent**

- sur le temps : ***Quand*** *passera-t-elle nous voir ?*
- sur le lieu : ***D'où*** *revient-il ?* ***Où*** *vont-elles ?*
- sur la manière : ***Comment*** *sait-il cela ?*
- sur la cause : ***Pourquoi*** *ne m'en a-t-elle rien dit ?*
- sur la quantité : ***Combien*** *sont-elles ?*
- sur le prix : ***Combien*** *veut-il de sa maison ?*

ATTENTION Les adverbes d'interrogation ***est-ce que***, dans l'interrogation directe, et ***si***, dans l'interrogation indirecte, ne portent que sur l'action ou l'état exprimés par le verbe :

*Est-ce qu'il est parti en voyage ? Peux-tu me dire **si** elle est partie ?*

REMARQUE Il ne faut pas confondre ***si*** conjonction de subordination et ***si*** adverbe interrogatif, ***si*** adverbe de quantité et ***si*** adverbe d'affirmation.

7 Les compléments de l'adverbe

Complément de détermination

Certains adverbes peuvent recevoir un **complément de détermination** introduit par une préposition, couramment appelé **complément de l'adverbe** :

*Conformément **à ses habitudes**, elle alla se coucher tôt* (*habitudes* est complément de l'adverbe *conformément*) ;

*Il dit qu'il avait assez **de place** pour s'installer* (*place* est complément de l'adverbe *assez*).

Complément du comparatif et du superlatif

Les adverbes de manière ont, comme les adjectifs, des **compléments du comparatif et du superlatif :**

*Elle va mieux **qu'hier**. Il réagit plus bêtement **que toi**.*

*C'est elle qui réussit le mieux **de tous**.*

5 LES PRÉPOSITIONS

La préposition est un mot invariable qui joint un nom, un pronom, un adjectif, un infinitif ou un gérondif à un autre terme (verbe, nom, etc.) en établissant un rapport entre les deux.

1 Forme des prépositions

Les prépositions peuvent être :

- des mots simples : *à, après, avant, avec, chez, contre, de, depuis, derrière, dès, devant, en, entre, envers, outre, par, parmi, pendant, pour, sans, sous, sur, vers...*
- d'anciens participes ou adjectifs : *attendu, concernant, durant, excepté, moyennant, passé, plein, suivant, supposé, touchant, vu...*
- des locutions prépositives : *à cause de, afin de, à force de, à travers, au-dessus de, auprès de, d'après, de façon à, en dépit de, faute de, grâce à, hors de, jusqu'à, loin de, par rapport à...*

2 Rôle des prépositions

La préposition peut introduire un complément :

- du nom : *Elle est docteur* ***en médecine*** *: médecine*, compl. du nom *docteur* ;
- du pronom : *Aucun* ***de ses amis*** *n'est là : amis*, compl. du pronom *aucun* ;
- de l'adjectif : *Ce médicament est mauvais* ***au goût*** *: goût*, compl. de l'adjectif *mauvais* ;
- d'objet indirect : *Elle se souvenait* ***de son enfance*** *: enfance*, C.O.I. de *se souvenait* ;
- circonstanciel : *Il a été blessé* ***à la tête*** *: tête*, C.C. de lieu de *a été blessé*.

ATTENTION La préposition introduit aussi des mots qui ne sont pas compléments mais qui sont :

- sujet réel : *Il est utile* ***d'étudier*** *: étudier*, sujet réel de *est utile* ;
- attribut : *Je le tiens* ***pour un homme honnête*** *: homme honnête*, attribut du C.O.D. *le* ;
- épithète : *Y a-t-il quelque chose* ***de nouveau*** *? nouveau*, épithète de *quelque chose* ;
- apposition : *Connaissez-vous l'île* ***de Ré*** *? Ré*, apposition à *île*.

LES MOTS INVARIABLES

3 Sens des prépositions

■ Certaines prépositions n'expriment **qu'un seul rapport** et introduiser **une seule sorte de complément,** par exemple :

- ***durant*** introduit toujours un C.C. de temps : ***Durant toute sa vie,*** *il a vécu ic*
- ***parmi*** introduit toujours un C.C. de lieu pluriel : *Choisis* ***parmi ces livres.***

■ D'autres prépositions peuvent établir **plusieurs rapports :**

- ***avec*** → C.C. d'accompagnement : *Elle sort tous les jours* ***avec son chien ;***
  → C.C. de manière : *J'avançais* ***avec prudence ;***
  → C.C. de moyen : *Ils ouvrirent* ***avec le double*** *de leur clé ;*
  → C.C. de temps : *Elle se lève* ***avec le jour.***
- ***dans*** → C.C. de lieu : *Il se repose* ***dans sa chambre ;***
  → C.C. de temps : *Elles viendront* ***dans trois jours ;***
  → C.C. de manière : *Elle vit* ***dans une certaine aisance.***

■ D'autres, enfin, établissent de **multiples rapports** et jouent des rôl très variés ; ce sont ce qu'on appelle des **mots-outils** ; voici quelques exen ples des fonctions qu'ils peuvent introduire :

- ***par*** → C.C. de lieu : *Nous sommes passés en voiture* ***par Ottawa***
  → C.C. de temps : *Elle se baigne* ***par tous les temps ;***
  → C.C. de moyen : *Nous sommes allés à Lyon* ***par avion ;***
  → C.C. de cause : *Il agit toujours* ***par intérêt ;***
  → C.C. de manière : *La bijouterie a été attaquée* ***par surprise ;***
  → complément d'agent : *Elle a été nommée* ***par le ministre.***
- ***de*** → C.O.I. : *J'use* ***de mon droit ;***
  → C.C. de lieu : *Nous arrivons* ***de Dakar ;***
  → C.C. de temps : *Elle travaille* ***de deux heures*** *à six heures ;*
  → C.C. de cause : *Elle meurt* ***de faim ;***
  → C.C. de manière : *Elle cite tous ses textes* ***de mémoire ;***
  → C.C. de moyen : *Elle me fit signe* ***de la main ;***
  → complément du nom : *Il monte une salle* ***de spectacle.***
- ***à*** → C.O.I. : *Il a assisté indifférent* ***à cet incident ;***
  → C.C. de lieu : *Nous allons* ***à Rome ;***

→ C.C. de but : *Il tend **à la perfection ;***
→ C.C. de moyen : *Je pêche **à la ligne ;***
→ C.C. de manière : *Tu te portes **à merveille ;***
→ C.C. de prix : *Ces places sont **à moitié prix.***

ATTENTION Les prépositions ***à*** et ***de*** se contractent avec l'article défini *(voir fiche 19 « L'article »).*

4 Répétition des prépositions

Quand plusieurs compléments du même mot sont coordonnés ou juxtaposés, les prépositions se répètent en général devant chaque complément. Mais l'usage n'est pas rigoureux :

*Elle me reçut **avec** amabilité **et** même **avec** une certaine satisfaction ;*
*Elle me reçut **avec** amabilité **et** même une certaine satisfaction.*

ATTENTION Les prépositions ***à***, ***de***, ***en*** ne se répètent pas :

- dans des locutions toutes faites : ***En** mon âme et conscience, je le crois coupable ;*
- quand les divers compléments désignent le même être ou la même chose ou forment un ensemble : *Je m'adresse **au** collègue et ami ; Il a écrit **à** ses amis et connaissances ;*
- lorsque des adjectifs numéraux sont coordonnés par ***ou*** : *La tour s'élève **à** trois cents **ou** trois cent dix mètres ;*
- dans les énumérations dont l'ensemble forme un groupe : *La pièce est **en** cinq actes et dix tableaux.*

46 LES CONJONCTIONS

La conjonction est un mot ou une locution invariable qui sert à relier deux éléments. On distingue les conjonctions de coordination et les conjonctions de subordination.

■ Si la conjonction lie **deux mots**, c'est une **conjonction de coordination** comme ***et*** dans *aller et venir* ou *des roses et des œillets.*

■ Si elle lie **deux propositions**, c'est une **conjonction de coordination** quand les **deux propositions sont de la même espèce** (par exemple, deu relatives) ; c'est une **conjonction de subordination** si elle unit une **subordonnée** à une autre **proposition**, dont elle dépend.

1 Les conjonctions de coordination

■ **Les conjonctions de coordination servent à relier entre eux des éléments en principe de même nature** (noms et pronoms, adjectifs, adverbe verbes, propositions) **et de même fonction** (sujet, complément, attribu épithète, etc.).

■ Il existe sept conjonctions de coordination, qui ont chacune leur valeur

- ***et*** = liaison, addition :
  Mes neveux ***et*** *ma nièce sont partis en vacances ;*
- ***ou*** = alternative :
  Il faut persévérer ***ou*** *renoncer tout de suite ;*
- ***ni*** = liaison, alternative négative :
  Il ne veut ***ni*** *ne peut accepter* (= et ne peut) ;
  L'homme n'est ***ni*** *ange* ***ni*** *bête ;*
- ***mais*** = opposition :
  Ils ne sont pas là, ***mais*** *il n'est que huit heures ;*
- ***or*** = argumentation ou transition :
  Tous les hommes sont mortels, ***or*** *Socrate est un homme, donc Socrate est mortel ;*
- ***car*** = explication :
  Ferme la fenêtre, ***car*** *il y a un courant d'air ;*
- ***donc*** = conséquence, conclusion :
  L'heure du train est proche, nous allons ***donc*** *vous quitter.*

REMARQUE Certains adverbes peuvent jouer le rôle de conjonctions de coordination ; ils expriment :

- l'alternative : *soit... soit, tantôt... tantôt ;*
- l'opposition : *cependant, pourtant, néanmoins, toutefois, au reste, en revanche, d'ailleurs ;*
- l'explication : *en effet, c'est-à-dire ;*
- la conséquence : *c'est pourquoi, aussi, partant, par conséquent, par suite ;*
- la conclusion : *enfin, ainsi, en bref ;*
- le temps : *puis, ensuite.*

2 Les conjonctions de subordination

Les conjonctions de subordination relient une proposition subor-onnée à une autre proposition dont elle dépend, en particulier à une rincipale. Ces conjonctions expriment :

- la cause → ***parce que, puisque***, etc. : ***Puisque*** *vous le voulez, je sors ;*
- le but → ***afin que, pour que, de peur que*** : *Enlevez cette pierre,* ***de peur u'****on ne bute contre elle ;*
- le temps → ***quand, lorsque, dès que, avant que,*** etc. : ***Quand*** *elle sera ı, dites-le-moi ;* ***Dès qu'****il fera jour, nous partirons ;* ***Avant qu'****elle parte, révenez-le ;*
- la concession → ***bien que, quoique*** : ***Bien que*** *cet échec fût grave, elle ne e découragea pas ;*
- la condition → ***si, pourvu que, pour peu que*** : *Je serai heureux d'accepter otre invitation,* ***pourvu que*** *ma présence ne* ***soit*** *pas pour vous une gêne ;*
- la comparaison → ***de même que, comme*** : ***Comme*** *nous l'avions pensé, le hemin était très dur ;*
- la conséquence → ***tellement que, tant que*** : *J'ai* ***tellement*** *crié* ***que*** *je suis nroué.*

Particularités de certaines conjonctions de subordination

Que est une conjonction de subordination qui peut introduire :

- une subordonnée complétive : *Chacun espère* ***que*** *vous reviendrez ;*
- une subordonnée de cause : *Il se tait, non* ***qu'****il ignore les faits, mais par discrétion* (= parce qu') ;

- une subordonnée de but : *Cachons-nous ici **qu'**on ne nous voi(e) pas* (= afin qu') ;
- une subordonnée de temps : *Elle dormait encore **que** j'étais déjà loin* (= lorsque) ;
- une subordonnée de condition : ***Qu'**on m'approuve ou **qu'**on me blâme, j'irai* (= même si) ;
- une subordonnée de comparaison : *Il est plus âgé **qu'**il ne paraît ;*
- une subordonnée de conséquence : *Elle riait, **que** c'était un plaisir de la voir* (= de sorte que).

REMARQUES

1. ***Que*** peut se substituer à toute autre conjonction de subordination dan(s) une subordonnée coordonnée à une autre :

*Comme il était tard et **que** tous avaient faim, on leva la séance.*

De même ***quand... et que...*** ; ***si... et que*** ; ***lorsque... et que...***.

2. Il ne faut pas confondre ***que*** conjonction de subordination et ***que*** pro(nom) nom relatif *(le livre **que** je lis)*, ***que*** pronom interrogatif *(**Que** dit-elle ?)* et ***qu(e)*** adverbe de quantité *(**Que** c'est beau !)*.

■ ***Comme*** peut être une conjonction de subordination qui introduit :

- une subordonnée de cause : ***Comme** il pleut, nous restons* (= puisqu') ;
- une subordonnée de comparaison : *Il est mort **comme** il a vécu ;*
- une subordonnée de temps : *Nous sommes arrivés juste **comme** elle parta(it)* (= quand).

ATTENTION ***Comme*** peut aussi être un adverbe de quantité :
***Comme** il est intelligent !*

■ ***Si***, conjonction de subordination, exprime la condition, l'hypothèse :

***Si** vous veniez, je serais heureux.*

REMARQUE Dans d'autres cas, ***si*** peut être :

- adverbe interrogatif : *Demandez-lui **s'**il nous accompagnera ;*
- adverbe de quantité : *Je ne suis pas **si** étourdie que vous le dites ;*
- adverbe d'affirmation : *Ne viendrez-vous pas ? – **Si** !*

7 LES INTERJECTIONS

L'interjection est un mot invariable qui sert à exprimer une émotion, un ordre ou un bruit :

Oh ! le magnifique tableau.
Hé ! vous, là-bas, approchez !
Et patatras ! le voilà à terre.
Bravo ! elle a réussi.

L'interjection n'a pas de relation avec les autres mots de la phrase et n'a pas de fonction grammaticale.
Elle est suivie d'un point d'exclamation (!) ou parfois d'un point d'interrogation (?).

.es diverses interjections

L'interjection peut être un **mot simple** exprimant :

surprise	***oh ! ah ?***	le mépris	***fi !***
douleur	***aïe !***	un avertissement	***gare !***
doute	***bah !***	la demande d'explication	***hein ?***
nsouciance	***baste !***	le regret	***hélas !***
approbation	***bravo !***	l'hésitation	***heu !***
besoin de silence	***chut !***	le dégoût	***pouah !***
appel	***eh ! hé ! ho ! allô ?***		

Les locutions interjectives sont formées de plusieurs mots :

eh bien ! (demande ou exaspération) ; ***tout beau !*** (apaisement) ; ***en avant !*** (encouragement) ; ***juste ciel ! mon Dieu !*** (stupeur) ; ***fi donc !*** (mépris) ; ***au secours !*** (appel à l'aide).

Des mots (noms, verbes, etc.) sont accidentellement interjections, par xemple :

lerte !	= appel	***halte ! silence !***	= ordre
llons ! courage !	= encouragement	***miséricorde !***	= effroi
el !	= stupeur	***attention !***	= mise en garde
iable !	= surprise		

Des **onomatopées** reproduisent certains bruits ;

pan !, vlan !, clic !, clac !, patatras !, pif !, paf !, cric !, crac !, bang !

REMARQUE Les **formules de salutation** sont considérées comme des interjections :

Bonsoir, au revoir, adieu, bonjour, salut, à bientôt.

ANNEXES : TABLEAUX DE CONJUGAISON

CONJUGAISON À LA VOIX ACTIVE

1er GROUPE

Infinitif

présent	passé
aimer	avoir aimé

Participe

présent	passé
aimant	aimé/ée, és/ées ayant aimé

Indicatif

présent

j'	aime
tu	aimes
il/elle	aime
nous	aimons
vous	aimez
ils/elles	aiment

passé composé

j'	ai	aimé
tu	as	aimé
il/elle	a	aimé
nous	avons	aimé
vous	avez	aimé
ils/elles	ont	aimé

imparfait

j'	aimais
tu	aimais
il/elle	aimait
nous	aimions
vous	aimiez
ils/elles	aimaient

plus-que-parfait

j'	avais	aimé
tu	avais	aimé
il/elle	avait	aimé
nous	avions	aimé
vous	aviez	aimé
ils/elles	avaient	aimé

futur simple

j'	aimerai
tu	aimeras
il/elle	aimera
nous	aimerons
vous	aimerez
ils/elles	aimeront

futur antérieur

j'	aurai	aimé
tu	auras	aimé
il/elle	aura	aimé
nous	aurons	aimé
vous	aurez	aimé
ils/elles	auront	aimé

passé simple

j'	aimai
tu	aimas
il/elle	aima
nous	aimâmes
vous	aimâtes
ils/elles	aimèrent

passé antérieur

j'	eus	aimé
tu	eus	aimé
il/elle	eut	aimé
nous	eûmes	aimé
vous	eûtes	aimé
ils/elles	eurent	aimé

Subjonctif

présent

que j'	aime
que tu	aimes
qu' il/elle	aime
que nous	aimions
que vous	aimiez
qu' ils/elles	aiment

imparfait

que j'	aimasse
que tu	aimasses
qu' il/elle	aimât
que nous	aimassions
que vous	aimassiez
qu' ils/elles	aimassent

passé

que j'	aie	aimé
que tu	aies	aimé
qu' il/elle	ait	aimé
que nous	ayons	aimé
que vous	ayez	aimé
qu' ils/elles	aient	aimé

plus-que-parfait

que j'	eusse	aimé
que tu	eusses	aimé
qu' il/elle	eût	aimé
que nous	eussions	aimé
que vous	eussiez	aimé
qu' ils/elles	eussent	aimé

Conditionnel

présent

j'	aimerais
tu	aimerais
il/elle	aimerait
nous	aimerions
vous	aimeriez
ils/elles	aimeraient

passé

j'	aurais	aimé
tu	aurais	aimé
il/elle	aurait	aimé
nous	aurions	aimé
vous	auriez	aimé
ils/elles	auraient	aimé

Impératif

présent

aime
aimons
aimez

passé

aie	aimé
ayons	aimé
ayez	aimé

CONJUGAISON À LA VOIX PASSIVE

1er GROUPE

Infinitif

présent
être aimé/ée, aimés/ées

passé
avoir été aimé/ée/és/ées

Indicatif

présent

je	suis aimé(e)
tu	es aimé(e)
il/elle	est aimé(e)
nous	sommes aimé(e)s
vous	êtes aimé(e)s
ils/elles	sont aimé(e)s

passé composé

j'	ai	été aimé(e)
tu	as	été aimé(e)
il/elle	a	été aimé(e)
nous	avons	été aimé(e)s
vous	avez	été aimé(e)s
ils/elles	ont	été aimé(e)s

imparfait

j'	étais aimé(e)
tu	étais aimé(e)
il/elle	était aimé(e)
nous	étions aimé(e)s
vous	étiez aimé(e)s
ils/elles	étaient aimé(e)s

plus-que-parfait

j'	avais	été aimé(e)
tu	avais	été aimé(e)
il/elle	avait	été aimé(e)
nous	avions	été aimé(e)s
vous	aviez	été aimé(e)s
ils/elles	avaient	été aimé(e)s

futur simple

je	serai aimé(e)
tu	seras aimé(e)
il/elle	sera aimé(e)
nous	serons aimé(e)s
vous	serez aimé(e)s
ils/elles	seront aimé(e)s

futur antérieur

j'	aurai	été aimé(e)
tu	auras	été aimé(e)
il/elle	aura	été aimé(e)
nous	aurons	été aimé(e)s
vous	aurez	été aimé(e)s
ils/elles	auront	été aimé(e)s

passé simple

je	fus aimé(e)
tu	fus aimé(e)
il/elle	fut aimé(e)
nous	fûmes aimé(e)s
vous	fûtes aimé(e)s
ils/elles	furent aimé(e)s

passé antérieur

j'	eus	été aimé(e)
tu	eus	été aimé(e)
il/elle	eut	été aimé(e)
nous	eûmes	été aimé(e)s
vous	eûtes	été aimé(e)s
ils/elles	eurent	été aimé(e)s

Conditionnel

présent

je	serais aimé(e)
tu	serais aimé(e)
il/elle	serait aimé(e)
nous	serions aimé(e)s
vous	seriez aimé(e)s
ils/elles	seraient aimé(e)s

passé

j'	aurais	été aimé(e)
tu	aurais	été aimé(e)
il/elle	aurait	été aimé(e)
nous	aurions	été aimé(e)s
vous	auriez	été aimé(e)s
ils/elles	auraient	été aimé(e)s

Participe

présent
étant aimé/ée/és/ées

passé
ayant été aimé/ée/és/ées

Subjonctif

présent

que je	sois aimé(e)
que tu	sois aimé(e)
qu' il/elle	soit aimé(e)
que nous	soyons aimé(e)s
que vous	soyez aimé(e)s
qu' ils/elles	soient aimé(e)s

imparfait

que je	fusse aimé(e)
que tu	fusses aimé(e)
qu' il/elle	fût aimé(e)
que nous	fussions aimé(e)s
que vous	fussiez aimé(e)s
qu' ils/elles	fussent aimé(e)s

passé

que j'	aie	été aimé(e)
que tu	aies	été aimé(e)
qu' il/elle	ait	été aimé(e)
que nous	ayons	été aimé(e)s
que vous	ayez	été aimé(e)s
qu' ils/elles	aient	été aimé(e)s

plus-que-parfait

que j'	eusse	été aimé(e)
que tu	eusses	été aimé(e)
qu' il/elle	eût	été aimé(e)
que nous	eussions	été aimé(e)s
que vous	eussiez	été aimé(e)s
qu' ils/elles	eussent	été aimé(e)s

Impératif

présent
sois aimé(e)
soyons aimé(e)s
soyez aimé(e)s

passé
aie été aimé(e
ayons été aimé(e
ayez été aimé(e

ÊTRE

Infinitif

présent	passé
être	avoir été

Participe

présent	passé
étant	**été**
	ayant été

Indicatif

présent

je	suis
tu	es
il/elle	est
nous	sommes
vous	êtes
ils/elles	sont

passé composé

j'	ai	été
tu	as	été
il/elle	a	été
nous	avons	été
vous	avez	été
ils/elles	ont	été

imparfait

j'	étais
tu	étais
il/elle	était
nous	étions
vous	étiez
ils/elles	étaient

plus-que-parfait

j'	avais	été
tu	avais	été
il/elle	avait	été
nous	avions	été
vous	aviez	été
ils/elles	avaient	été

futur simple

je	serai
tu	seras
il/elle	sera
nous	serons
vous	serez
ils/elles	seront

futur antérieur

j'	aurai	été
tu	auras	été
il/elle	aura	été
nous	aurons	été
vous	aurez	été
ils/elles	auront	été

passé simple

je	fus
tu	fus
il/elle	fut
nous	fûmes
vous	fûtes
ils/elles	furent

passé antérieur

j'	eus	été
tu	eus	été
il/elle	eut	été
nous	eûmes	été
vous	eûtes	été
ils/elles	eurent	été

Subjonctif

présent

que	je	sois
que	tu	sois
qu'	il/elle	soit
que	nous	soyons
que	vous	soyez
qu'	ils/elles	soient

imparfait

que	je	fusse
que	tu	fusses
qu'	il/elle	fût
que	nous	fussions
que	vous	fussiez
qu'	ils/elles	fussent

passé

que	j'	aie	été
que	tu	aies	été
qu'	il/elle	ait	été
que	nous	ayons	été
que	vous	ayez	été
qu'	ils/elles	aient	été

plus-que-parfait

que	j'	eusse	été
que	tu	eusses	été
qu'	il/elle	eût	été
que	nous	eussions	été
que	vous	eussiez	été
qu'	ils/elles	eussent	été

Conditionnel

présent

je	serais
tu	serais
il/elle	serait
nous	serions
vous	seriez
ils/elles	seraient

passé

j'	aurais	été
tu	aurais	été
il/elle	aurait	été
nous	aurions	été
vous	auriez	été
ils/elles	auraient	été

Impératif

présent	passé	
sois	aie	été
soyons	ayons	été
soyez	ayez	été

AVOIR

Infinitif

présent	passé
avoir	avoir eu

Participe

présent	passé
ayant	eu/eue, eus/eues ayant eu

Indicatif

présent

j'	ai
tu	as
il/elle	a
nous	avons
vous	avez
ils/elles	ont

passé composé

j'	ai	eu
tu	as	eu
il/elle	a	eu
nous	avons	eu
vous	avez	eu
ils/elles	ont	eu

imparfait

j'	avais
tu	avais
il/elle	avait
nous	avions
vous	aviez
ils/elles	avaient

plus-que-parfait

j'	avais	eu
tu	avais	eu
il/elle	avait	eu
nous	avions	eu
vous	aviez	eu
ils/elles	avaient	eu

futur simple

j'	aurai
tu	auras
il/elle	aura
nous	aurons
vous	aurez
ils/elles	auront

futur antérieur

j'	aurai	eu
tu	auras	eu
il/elle	aura	eu
nous	aurons	eu
vous	aurez	eu
ils/elles	auront	eu

passé simple

j'	eus
tu	eus
il/elle	eut
nous	eûmes
vous	eûtes
ils/elles	eurent

passé antérieur

j'	eus	eu
tu	eus	eu
il/elle	eut	eu
nous	eûmes	eu
vous	eûtes	eu
ils/elles	eurent	eu

Conditionnel

présent

j'	aurais
tu	aurais
il/elle	aurait
nous	aurions
vous	auriez
ils/elles	auraient

passé

j'	aurais	eu
tu	aurais	eu
il/elle	aurait	eu
nous	aurions	eu
vous	auriez	eu
ils/elles	auraient	eu

Subjonctif

présent

que	j'	aie
que	tu	aies
qu'	il/elle	ai**t**
que	nous	ay**ons**
que	vous	ay**ez**
qu'	ils/elles	aient

imparfait

que	j'	eusse
que	tu	eusses
qu'	il/elle	eût
que	nous	eussions
que	vous	eussiez
qu'	ils/elles	eussent

passé

que	j'	aie	eu
que	tu	aies	eu
qu'	il/elle	ait	eu
que	nous	ayons	eu
que	vous	ayez	eu
qu'	ils/elles	aient	eu

plus-que-parfait

que	j'	eusse	eu
que	tu	eusses	eu
qu'	il/elle	eût	eu
que	nous	eussions	eu
que	vous	eussiez	eu
qu'	ils/elles	eussent	eu

Impératif

présent	passé	
aie	aie	eu
ayons	ayons	eu
ayez	ayez	eu

ENVOYER

1er GROUPE

Infinitif

présent	passé
envoyer	avoir envoyé

Indicatif

présent

j'	envoie
tu	envoies
il/elle	envoie
nous	envoyons
vous	envoyez
ils/elles	envoient

passé composé

j'	ai	envoyé
tu	as	envoyé
il/elle	a	envoyé
nous	avons	envoyé
vous	avez	envoyé
ils/elles	ont	envoyé

imparfait

j'	envoyais
tu	envoyais
il/elle	envoyait
nous	envoyions
vous	envoyiez
ils/elles	envoyaient

plus-que-parfait

j'	avais	envoyé
tu	avais	envoyé
il/elle	avait	envoyé
nous	avions	envoyé
vous	aviez	envoyé
ils/elles	avaient	envoyé

futur simple

j'	enverrai
tu	enverras
il/elle	enverra
nous	enverrons
vous	enverrez
ils/elles	enverront

futur antérieur

j'	aurai	envoyé
tu	auras	envoyé
il/elle	aura	envoyé
nous	aurons	envoyé
vous	aurez	envoyé
ils/elles	auront	envoyé

passé simple

j'	envoyai
tu	envoyas
il/elle	envoya
nous	envoyâmes
vous	envoyâtes
ils/elles	envoyèrent

passé antérieur

j'	eus	envoyé
tu	eus	envoyé
il/elle	eut	envoyé
nous	eûmes	envoyé
vous	eûtes	envoyé
ils/elles	eurent	envoyé

Conditionnel

présent

j'	**enverrais**
tu	**enverrais**
il/elle	**enverrait**
nous	**enverrions**
vous	**enverriez**
ils/elles	**enverraient**

passé

j'	aurais	envoyé
tu	aurais	envoyé
il/elle	aurait	envoyé
nous	aurions	envoyé
vous	auriez	envoyé
ils/elles	auraient	envoyé

Participe

présent	passé
envoyant	envoyé/ée, és/ées ayant envoyé

Subjonctif

présent

que	j'	envoie
que	tu	envoies
qu'	il/elle	envoie
que	nous	envo**yi**ons
que	vous	envo**yi**ez
qu'	ils/elles	envoient

imparfait

que	j'	envoyasse
que	tu	envoyasses
qu'	il/elle	envoyât
que	nous	envoyassions
que	vous	envoyassiez
qu'	ils/elles	envoyassent

passé

que	j'	aie	envoyé
que	tu	aies	envoyé
qu'	il/elle	ait	envoyé
que	nous	ayons	envoyé
que	vous	ayez	envoyé
qu'	ils/elles	aient	envoyé

plus-que-parfait

que	j'	eusse	envoyé
que	tu	eusses	envoyé
qu'	il/elle	eût	envoyé
que	nous	eussions	envoyé
que	vous	eussiez	envoyé
qu'	ils/elles	eussent	envoyé

Impératif

présent	passé
envoie	aie envoyé
envoyons	ayons envoyé
envoyez	ayez envoyé

FINIR

2e GROUPE

Infinitif

présent	passé
finir	avoir fini

Indicatif

présent

je	finis
tu	finis
il/elle	finit
nous	finissons
vous	finissez
ils/elles	finissent

passé composé

j'	ai	fini
tu	as	fini
il/elle	a	fini
nous	avons	fini
vous	avez	fini
ils/elles	ont	fini

imparfait

je	finissais
tu	finissais
il/elle	finissait
nous	finissions
vous	finissiez
ils/elles	finissaient

plus-que-parfait

j'	avais	fini
tu	avais	fini
il/elle	avait	fini
nous	avions	fini
vous	aviez	fini
ils/elles	avaient	fini

futur simple

je	finirai
tu	finiras
il/elle	finira
nous	finirons
vous	finirez
ils/elles	finiront

futur antérieur

j'	aurai	fini
tu	auras	fini
il/elle	aura	fini
nous	aurons	fini
vous	aurez	fini
ils/elles	auront	fini

passé simple

je	finis
tu	finis
il/elle	finit
nous	finîmes
vous	finîtes
ils/elles	finirent

passé antérieur

j'	eus	fini
tu	eus	fini
il/elle	eut	fini
nous	eûmes	fini
vous	eûtes	fini
ils/elles	eurent	fini

Conditionnel

présent

je	finirais
tu	finirais
il/elle	finirait
nous	finirions
vous	finiriez
ils/elles	finiraient

passé

j'	aurais	fini
tu	aurais	fini
il/elle	aurait	fini
nous	aurions	fini
vous	auriez	fini
ils/elles	auraient	fini

Participe

présent	passé
finissant	fini/ie, is/ies ayant fini

Subjonctif

présent

que	je	finisse
que	tu	finisses
qu'	il/elle	finisse
que	nous	finissions
que	vous	finissiez
qu'	ils/elles	finissent

imparfait

que	je	finisse
que	tu	finisses
qu'	il/elle	finît
que	nous	finissions
que	vous	finissiez
qu'	ils/elles	finissent

passé

que	j'	aie	fini
que	tu	aies	fini
qu'	il/elle	ait	fini
que	nous	ayons	fini
que	vous	ayez	fini
qu'	ils/elles	aient	fini

plus-que-parfait

que	j'	eusse	fini
que	tu	eusses	fini
qu'	il/elle	eût	fini
que	nous	eussions	fini
que	vous	eussiez	fini
qu'	ils/elles	eussent	fini

Impératif

présent	passé	
finis	aie	fini
finissons	ayons	fini
finissez	ayez	fini

ALLER

3e GROUPE

Infinitif

présent	passé
aller	être allé/ée, és/ées

Participe

présent	passé
allant	allé/ée, és/ées étant allé/ée, és/ées

Indicatif

présent

je	vais
tu	vas
il/elle	va
nous	allons
vous	allez
ils/elles	vont

passé composé

je	suis	allé(e)
tu	es	allé(e)
il/elle	est	allé(e)
nous	sommes	allé(e)s
vous	êtes	allé(e)s
ils/elles	sont	allé(e)s

imparfait

j'	allais
tu	allais
il/elle	allait
nous	allions
vous	alliez
ils/elles	allaient

plus-que-parfait

j'	étais	allé(e)
tu	étais	allé(e)
il/elle	était	allé(e)
nous	étions	allé(e)s
vous	étiez	allé(e)s
ils/elles	étaient	allé(e)s

futur simple

j'	irai
tu	iras
il/elle	ira
nous	irons
vous	irez
ils/elles	iront

futur antérieur

je	serai	allé(e)
tu	seras	allé(e)
il/elle	sera	allé(e)
nous	serons	allé(e)s
vous	serez	allé(e)s
ils/elles	seront	allé(e)s

passé simple

j'	allai
tu	allas
il/elle	alla
nous	allâmes
vous	allâtes
ils/elles	allèrent

passé antérieur

je	fus	allé(e)
tu	fus	allé(e)
il/elle	fut	allé(e)
nous	fûmes	allé(e)s
vous	fûtes	allé(e)s
ils/elles	furent	allé(e)s

Conditionnel

présent

j'	irais
tu	irais
il/elle	irait
nous	irions
vous	iriez
ils/elles	iraient

passé

je	serais	allé(e)
tu	serais	allé(e)
il/elle	serait	allé(e)
nous	serions	allé(e)s
vous	seriez	allé(e)s
ils/elles	seraient	allé(e)s

Subjonctif

présent

que	j'	aille
que	tu	ailles
qu'	il/elle	aille
que	nous	allions
que	vous	alliez
qu'	ils/elles	aillent

imparfait

que	j'	allasse
que	tu	allasses
qu'	il/elle	allât
que	nous	allassions
que	vous	allassiez
qu'	ils/elles	allassent

passé

que	je	sois	allé(e)
que	tu	sois	allé(e)
qu'	il/elle	soit	allé(e)
que	nous	soyons	allé(e)s
que	vous	soyez	allé(e)s
qu'	ils/elles	soient	allé(e)s

plus-que-parfait

que	je	fusse	allé(e)
que	tu	fusses	allé(e)
qu'	il/elle	fût	allé(e)
que	nous	fussions	allé(e)s
que	vous	fussiez	allé(e)s
qu'	ils/elles	fussent	allé(e)s

Impératif

présent	passé	
va	sois	allé(e)
allons	soyons	allé(e)s
allez	soyez	allé(e)s

OUVRIR

3e GROUPE

Infinitif

présent	passé
ouvrir	avoir ouvert

Participe

présent	passé
ouvrant	ouvert/te, ts/tes ayant ouvert

Indicatif

présent

j'	ouvre
tu	ouvres
il/elle	ouvre
nous	ouvrons
vous	ouvrez
ils/elles	ouvrent

passé composé

j'	ai	ouvert
tu	as	ouvert
il/elle	a	ouvert
nous	avons	ouvert
vous	avez	ouvert
ils/elles	ont	ouvert

imparfait

j'	ouvrais
tu	ouvrais
il/elle	ouvrait
nous	ouvrions
vous	ouvriez
ils/elles	ouvraient

plus-que-parfait

j'	avais	ouvert
tu	avais	ouvert
il/elle	avait	ouvert
nous	avions	ouvert
vous	aviez	ouvert
ils/elles	avaient	ouvert

futur simple

j'	ouvrirai
tu	ouvriras
il/elle	ouvrira
nous	ouvrirons
vous	ouvrirez
ils/elles	ouvriront

futur antérieur

j'	aurai	ouvert
tu	auras	ouvert
il/elle	aura	ouvert
nous	aurons	ouvert
vous	aurez	ouvert
ils/elles	auront	ouvert

passé simple

j'	ouvris
tu	ouvris
il/elle	ouvrit
nous	ouvrîmes
vous	ouvrîtes
ils/elles	ouvrirent

passé antérieur

j'	eus	ouvert
tu	eus	ouvert
il/elle	eut	ouvert
nous	eûmes	ouvert
vous	eûtes	ouvert
ils/elles	eurent	ouvert

Subjonctif

présent

que	j'	**ouvre**
que	tu	**ouvres**
qu'	il/elle	**ouvre**
que	nous	**ouvrions**
que	vous	**ouvriez**
qu'	ils/elles	**ouvrent**

imparfait

que	j'	ouvrisse
que	tu	ouvrisses
qu'	il/elle	ouvrît
que	nous	ouvrissions
que	vous	ouvrissiez
qu'	ils/elles	ouvrissent

passé

que	j'	aie	ouvert
que	tu	aies	ouvert
qu'	il/elle	ait	ouvert
que	nous	ayons	ouvert
que	vous	ayez	ouvert
qu'	ils/elles	aient	ouvert

plus-que-parfait

que	j'	eusse	ouvert
que	tu	eusses	ouvert
qu'	il/elle	eût	ouvert
que	nous	eussions	ouvert
que	vous	eussiez	ouvert
qu'	ils/elles	eussent	ouvert

Conditionnel

présent

j'	ouvrirais
tu	ouvrirais
il/elle	ouvrirait
nous	ouvririons
vous	ouvririez
ils/elles	ouvriraient

passé

j'	aurais	ouvert
tu	aurais	ouvert
il/elle	aurait	ouvert
nous	aurions	ouvert
vous	auriez	ouvert
ils/elles	auraient	ouvert

Impératif

présent	passé
ouvre	aie ouvert
ouvrons	ayons ouvert
ouvrez	ayez ouvert

RECEVOIR

3e GROUPE

Infinitif

présent	passé
recevoir	avoir reçu

Indicatif

présent

je	reçois
tu	reçois
il/elle	reçoit
nous	recevons
vous	recevez
ils/elles	reçoivent

passé composé

j'	ai	reçu
tu	as	reçu
il/elle	a	reçu
nous	avons	reçu
vous	avez	reçu
ils/elles	ont	reçu

imparfait

je	recevais
tu	recevais
il/elle	recevait
nous	recevions
vous	receviez
ils/elles	recevaient

plus-que-parfait

j'	avais	reçu
tu	avais	reçu
il/elle	avait	reçu
nous	avions	reçu
vous	aviez	reçu
ils/elles	avaient	reçu

futur simple

je	recevrai
tu	recevras
il/elle	recevra
nous	recevrons
vous	recevrez
ils/elles	recevront

futur antérieur

j'	aurai	reçu
tu	auras	reçu
il/elle	aura	reçu
nous	aurons	reçu
vous	aurez	reçu
ils/elles	auront	reçu

passé simple

je	reçus
tu	reçus
il/elle	reçut
nous	reçûmes
vous	reçûtes
ils/elles	reçurent

passé antérieur

j'	eus	reçu
tu	eus	reçu
il/elle	eut	reçu
nous	eûmes	reçu
vous	eûtes	reçu
ils/elles	eurent	reçu

Conditionnel

présent

je	recevrais
tu	recevrais
il/elle	recevrait
nous	recevrions
vous	recevriez
ils/elles	recevraient

passé

j'	aurais	reçu
tu	aurais	reçu
il/elle	aurait	reçu
nous	aurions	reçu
vous	auriez	reçu
ils/elles	auraient	reçu

Participe

présent	passé
recevant	**reçu/ue, us/ues**
	ayant reçu

Subjonctif

présent

que	je	**reçoive**
que	tu	**reçoives**
qu'	il/elle	**reçoive**
que	nous	recevions
que	vous	receviez
qu'	ils/elles	**reçoivent**

imparfait

que	je	**reçusse**
que	tu	**reçusses**
qu'	il/elle	**reçût**
que	nous	**reçussions**
que	vous	**reçussiez**
qu'	ils/elles	**reçussent**

passé

que	j'	aie	reçu
que	tu	aies	reçu
qu'	il/elle	ait	reçu
que	nous	ayons	reçu
que	vous	ayez	reçu
qu'	ils/elles	aient	reçu

plus-que-parfait

que	j'	eusse	reçu
que	tu	eusses	reçu
qu'	il/elle	eût	reçu
que	nous	eussions	reçu
que	vous	eussiez	reçu
qu'	ils/elles	eussent	reçu

Impératif

présent	passé	
reçois	aie	reçu
recevons	ayons	reçu
recevez	ayez	reçu

RENDRE

3e GROUPE

Infinitif

présent	passé
rendre	avoir rendu

Participe

présent	passé
rendant	rendu/ue, us/ues ayant rendu

Indicatif

présent

je	rends
tu	rends
il/elle	rend
nous	rendons
vous	rendez
ils/elles	rendent

passé composé

j'	ai	rendu
tu	as	rendu
il/elle	a	rendu
nous	avons	rendu
vous	avez	rendu
ils/elles	ont	rendu

imparfait

je	rendais
tu	rendais
il/elle	rendait
nous	rendions
vous	rendiez
ils/elles	rendaient

plus-que-parfait

j'	avais	rendu
tu	avais	rendu
il/elle	avait	rendu
nous	avions	rendu
vous	aviez	rendu
ils/elles	avaient	rendu

futur simple

je	rendrai
tu	rendras
il/elle	rendra
nous	rendrons
vous	rendrez
ils/elles	rendront

futur antérieur

j'	aurai	rendu
tu	auras	rendu
il/elle	aura	rendu
nous	aurons	rendu
vous	aurez	rendu
ils/elles	auront	rendu

passé simple

je	rendis
tu	rendis
il/elle	rendit
nous	rendîmes
vous	rendîtes
ils/elles	rendirent

passé antérieur

j'	eus	rendu
tu	eus	rendu
il/elle	eut	rendu
nous	eûmes	rendu
vous	eûtes	rendu
ils/elles	eurent	rendu

Conditionnel

présent

je	rendrais
tu	rendrais
il/elle	rendrait
nous	rendrions
vous	rendriez
ils/elles	rendraient

passé

j'	aurais	rendu
tu	aurais	rendu
il/elle	aurait	rendu
nous	aurions	rendu
vous	auriez	rendu
ils/elles	auraient	rendu

Subjonctif

présent

que je	rende
que tu	rendes
qu' il/elle	rende
que nous	rendions
que vous	rendiez
qu' ils/elles	rendent

imparfait

que je	rendisse
que tu	rendisses
qu' il/elle	rendît
que nous	rendissions
que vous	rendissiez
qu' ils/elles	rendissent

passé

que j'	aie	rendu
que tu	aies	rendu
qu' il/elle	ait	rendu
que nous	ayons	rendu
que vous	ayez	rendu
qu' ils/elles	aient	rendu

plus-que-parfait

que j'	eusse	rendu
que tu	eusses	rendu
qu' il/elle	eût	rendu
que nous	eussions	rendu
que vous	eussiez	rendu
qu' ils/elles	eussent	rendu

Impératif

présent	passé	
rends	aie	rendu
rendons	ayons	rendu
rendez	ayez	rendu

VERBES DU 3e GROUPE EN *-IR*

nfinitif présent	**ouvrir (1)**	**assaillir (2)**	**cueillir (3)**
articipe présent	ouvrant	assaillant	cueillant
articipe passé	ouvert/te	assailli/ie	cueilli/ie
ndicatif présent	j'ouvre, tu ouvres	j'assaille, tu assailles	je cueille, tu cueilles
	il, elle ouvre	il, elle assaille	il, elle cueille
	nous ouvrons	nous assaillons	nous cueillons
	ils, elles ouvrent	ils, elles assaillent	ils, elles cueillent
mparfait	j'ouvrais	j'assaillais	je cueillais
assé simple	j'ouvris	j'assaillis	je cueillis
utur	j'ouvrirai	j'assaillirai / assaillerai	je cueillerai
ond. présent	j'ouvrirais	j'assaillirais / assaillerais	je cueillerais
ubj. présent	que j'ouvre	que j'assaille	que je cueille
	qu'il, qu'elle ouvre	qu'il, qu'elle assaille	qu'il, qu'elle cueille
	que nous ouvrions	que nous assaillions	que nous cueillions
	qu'ils, qu'elles ouvrent	qu'ils, qu'elles assaillent	qu'ils, qu'elles cueillent
mpératif présent	ouvre, ouvrons	assaille, assaillons	cueille, cueillons

. De même : *souffrir, couvrir*. - **2**. De même : *défaillir, tressaillir*. - **3**. De même : ses composés.

nfinitif présent	**acquérir (1)**	**servir (2)**	**mentir (3)**
articipe présent	acquérant	servant	mentant
articipe passé	acquis/se	servi/ie	menti
ndicatif présent	j'acquiers, tu acquiers	je sers, tu sers	je mens, tu mens
	il, elle acquiert	il, elle sert	il, elle ment
	nous acquérons	nous servons	nous mentons
	ils, elles acquièrent	ils, elles servent	ils, elles mentent
mparfait	j'acquérais	je servais	je mentais
assé simple	j'acquis	je servis	je mentis
utur	j'acquerrai	je servirai	je mentirai
ond. présent	j'acquerrais	je servirais	je mentirais
ubj. présent	que j'acquière	que je serve	que je mente
	qu'il, qu'elle acquière	qu'il, qu'elle serve	qu'il, qu'elle mente
	que nous acquérions	que nous servions	que nous mentions
	qu'ils, qu'elles acquièrent	qu'ils, qu'elles servent	qu'ils, qu'elles mentent
mpératif présent	acquiers, acquérons	sers, servons	mens, mentons

. De même : *conquérir, requérir, s'enquérir*. - **2**. De même : ses composés. - **3**. De même : *sentir, se repentir* et leurs composés.

nfinitif présent	**tenir (1)**	**dormir (2)**	**fuir (3)**
articipe présent	tenant	dormant	fuyant
articipe passé	tenu/ue	dormi	fui/fuie
ndicatif présent	je tiens, tu tiens	je dors, tu dors	je fuis, tu fuis
	il, elle tient	il, elle dort	il, elle fuit
	nous tenons	nous dormons	nous fuyons
	ils, elles tiennent	ils, elles dorment	ils, elles fuient
mparfait	je tenais	je dormais	je fuyais
assé simple	je tins	je dormis	je fuis
utur	je tiendrai	je dormirai	je fuirai
ond. présent	je tiendrais	je dormirais	je fuirais
ubj. présent	que je tienne	que je dorme	que je fuie
	qu'il, qu'elle tienne	qu'il, qu'elle dorme	qu'il, qu'elle fuie
	que nous tenions	que nous dormions	que nous fuyions
	qu'ils, qu'elles tiennent	qu'ils, qu'elles dorment	qu'ils, qu'elles fuient
mpératif présent	tiens, tenons	dors, dormons	fuis, fuyons

. De même : ses composés et *venir* et ses composés. - **2**. De même : ses composés. - **3**. De même : *s'enfuir*.

VERBES DU 3e GROUPE EN *-IR*

infinitif présent	**mourir**	**vêtir** (1)	**courir** (1)
participe présent	mourant	vêtant	courant
participe passé	mort/te	vêtu/ue	couru/ue
indicatif présent	je meurs, tu meurs	je vêts, tu vêts	je cours, tu cours
	il, elle meurt	il, elle vêt	il, elle court
	nous mourons	nous vêtons	nous courons
	ils, elles meurent	ils, elles vêtent	ils, elles courent
imparfait	je mourais	je vêtais	je courais
passé simple	je mourus	je vêtis	je courus
futur	je mourrai	je vêtirai	je courrai
cond. présent	je mourrais	je vêtirais	je courrais
subj. présent	que je meure	que je vête	que je coure
	qu'il, qu'elle meure	qu'il, qu'elle vête	qu'il, qu'elle coure
	que nous mourions	que nous vêtions	que nous courions
	qu'ils, qu'elles meurent	qu'ils, qu'elles vêtent	qu'ils, qu'elles courent
impératif présent	meurs, mourons	vêts, vêtons	cours, courons

1. De même : ses composés.

infinitif présent	**partir** (1)	**sortir** (2)	**bouillir** (3)
participe présent	partant	sortant	bouillant
participe passé	parti/ie	sorti/ie	bouilli/ie
indicatif présent	je pars, tu pars	je sors, tu sors	je bous, tu bous
	il, elle part	il, elle sort	il, elle bout
	nous partons	nous sortons	nous bouillons
	ils, elles partent	ils, elles sortent	ils, elles bouillent
imparfait	je partais	je sortais	je bouillais
passé simple	je partis	je sortis	je bouillis
futur	je partirai	je sortirai	je bouillirai
cond. présent	je partirais	je sortirais	je bouillirais
subj. présent	que je parte	que je sorte	que je bouille
	qu'il, qu'elle parte	qu'il, qu'elle sorte	qu'il, qu'elle bouille
	que nous partions	que nous sortions	que nous bouillions
	qu'ils, qu'elles partent	qu'ils, qu'elles sortent	qu'ils, qu'elles bouillent
impératif présent	pars, partons	sors, sortons	bous, bouillons

1. De même : ses composés, sauf ***répartir***. - 2. De même : ses composés, sauf ***assortir***. - 3. Certains temps sont peu usités.

infinitif présent	**faillir** (1)	**gésir** (1)	**saillir** (= dépasser) [1]
participe présent	*inusité*	gisant	saillant
participe passé	failli	*inusité*	sailli
indicatif présent	*inusité*	je gis, tu gis	*inusité*
	inusité	il, elle gît	il, elle saille
	inusité	nous gisons	*inusité*
	inusité	ils, elles gisent	ils, elles saillent
imparfait	*inusité*	je gisais	il, elle saillait
passé simple	je faillis	*inusité*	*inusité*
futur	je faillirai	*inusité*	il, elle saillera
cond. présent	je faillirais	*inusité*	il, elle saillerait
subj. présent	*inusité*	*inusité*	*inusité*
			qu'il, qu'elle saille
			inusité
			qu'ils, qu'elles saillent
impératif présent	*inusité*	*inusité*	*inusité*

1. Ce verbe est défectif.

VERBES DU 3e GROUPE EN *-OIR*

infinitif présent	**décevoir (1)**	**devoir**	**mouvoir (2)**
participe présent	décevant	devant	mouvant
participe passé	déçu/ue	dû/due	mû/mue
indicatif présent	je déçois, tu déçois il, elle déçoit nous décevons ils, elles déçoivent	je dois, tu dois il, elle doit nous devons ils, elles doivent	je meus, tu meus il, elle meut nous mouvons ils, elles meuvent
imparfait	je décevais	je devais	je mouvais
passé simple	je déçus	je dus	je mus
futur	je décevrai	je devrai	je mouvrai
cond. présent	je décevrais	je devrais	je mouvrais
subj. présent	que je déçoive qu'il, qu'elle déçoive que nous décevions qu'ils, qu'elles déçoivent	que je doive qu'il, qu'elle doive que nous devions qu'ils, qu'elles doivent	que je meuve qu'il, qu'elle meuve que nous mouvions qu'ils, qu'elles meuvent
impératif présent	déçois, décevons	dois, devons	meus, mouvons

1. De même : *percevoir, apercevoir, concevoir*. - 2. De même : ses composés (mais les participes *ému* et *promu* n'ont pas d'accent circonflexe sur le *u*).

infinitif présent	**savoir**	**vouloir**	**valoir (1)**
participe présent	sachant	voulant	valant
participe passé	su/sue	voulu/ue	valu/ue
indicatif présent	je sais, tu sais il, elle sait nous savons ils, elles savent	je veux, tu veux il, elle veut nous voulons ils, elles veulent	je vaux, tu vaux il, elle vaut nous valons ils, elles valent
imparfait	je savais	je voulais	je valais
passé simple	je sus	je voulus	je valus
futur	je saurai	je voudrai	je vaudrai
cond. présent	je saurais	je voudrais	je vaudrais
subj. présent	que je sache qu'il, qu'elle sache que nous sachions qu'ils, qu'elles sachent	que je veuille qu'il, qu'elle veuille que nous voulions qu'ils, qu'elles veuillent	que je vaille qu'il, qu'elle vaille que nous valions qu'ils, qu'elles vaillent
impératif présent	sache, sachons	veuille / veux, veuillons / voulons	vaux, valons

1. De même : ses composés (mais *prévaloir*, au subjonctif présent, fait *que je prévale*).

infinitif présent	**pouvoir**	**voir (1)**	**prévoir (2)**
participe présent	pouvant	voyant	prévoyant
participe passé	pu	vu/vue	prévu/ue
indicatif présent	je peux / puis, tu peux il, elle peut nous pouvons ils, elles peuvent	je vois, tu vois il, elle voit nous voyons ils, elles voient	je prévois, tu prévois il, elle prévoit nous prévoyons ils, elles prévoient
imparfait	je pouvais	je voyais	je prévoyais
passé simple	je pus	je vis	je prévis
futur	je pourrai	je verrai	je prévoirai
cond. présent	je pourrais	je verrais	je prévoirais
subj. présent	que je puisse qu'il, qu'elle puisse que nous puissions qu'ils, qu'elles puissent	que je voie qu'il, qu'elle voie que nous voyions qu'ils, qu'elles voient	que je prévoie qu'il, qu'elle prévoie que nous prévoyions qu'ils, qu'elles prévoient
impératif présent	*inusité*	vois, voyons	prévois, prévoyons

1. De même : *revoir*. - 2. De même : *pourvoir* (sauf au passé simple : *je pourvus*).

VERBES DU 3e GROUPE EN *-OIR*

infinitif présent	**asseoir (1)**	-	**surseoir**
participe présent	asseyant	assoyant	sursoyant
participe passé	assis/ise	assis/ise	sursis/ise
indicatif présent	j'assieds, tu assieds	j'assois, tu assois	je sursois, tu sursois
	il, elle assied	il, elle assoit	il, elle sursoit
	nous asseyons	nous assoyons	nous sursoyons
	ils, elles asseyent	ils, elles assoient	ils, elles sursoient
imparfait	j'asseyais	j'assoyais	je sursoyais
passé simple	j'assis	j'assis	je sursis
futur	j'assiérai	j'assoirai	je surseoirai
cond. présent	j'assiérais	j'assoirais	je surseoirais
subj. présent	que j'asseye	que j'assoie	que je sursoie
	qu'il, qu'elle asseye	qu'il, qu'elle assoie	qu'il, qu'elle sursoie
	que nous asseyions	que nous assoyions	que nous sursoyions
	qu'ils, qu'elles asseyent	qu'ils, qu'elles assoient	qu'ils, qu'elles sursoient
impératif présent	assieds, asseyons	assois, assoyons	sursois, sursoyons

1. Verbe employé le plus souvent à la voix pronominale, comme ***rasseoir***, et qui a deux conjugaisons.

infinitif présent	**seoir (1)**	**pleuvoir (2)**	**falloir (2)**
participe présent	seyant/séant	pleuvant	*inusité*
participe passé	sis/sise	plu	fallu
indicatif présent	*inusité*	*inusité*	*inusité*
	il, elle sied	il pleut	il faut
	inusité	*inusité*	*inusité*
	ils, elles siéent	*inusité*	*inusité*
imparfait	il, elle seyait,	il pleuvait	il fallait
	ils, elles seyaient	*inusité*	
passé simple	*inusité*	il plut	il fallut
futur	il, elle siéra, ils, elles siéront	il pleuvra	il faudra
cond. présent	il, elle siérait,	il pleuvrait	il faudrait
	ils, elles siéraient		
subj. présent	*inusité*	*inusité*	*inusité*
	qu'il, qu'elle siée	qu'il pleuve	qu'il faille
	inusité	*inusité*	*inusité*
	qu'ils, qu'elles siéent	*inusité*	*inusité*
impératif présent	*inusité*	*inusité*	*inusité*

1. Le verbe ***seoir*** (= convenir) n'est employé qu'aux 3es personnes ; au sens de « être situé », on emploie le participe passé *sis*. - 2. Les verbes ***pleuvoir*** ***falloir*** sont impersonnels. - *Au sens figuré,* ***pleuvoir*** *connaît une 3e personne du pluriel : (les coups)* ***pleuvent, pleuvaient, pleuvront, plurent…***

infinitif présent	**déchoir**	**choir**	**échoir (1)**
participe présent	*inusité*	*inusité*	échéant
participe passé	déchu/ue	chu/chue	échu/ue
indicatif présent	je déchois, tu déchois	je chois, tu chois	*inusité*
	il, elle déchoit	il, elle choit	il, elle échoit
	nous déchoyons	*inusité*	*inusité*
	ils, elles déchoient	*inusité*	ils, elles échoient
imparfait	*inusité*	*inusité*	il, elle échoyait
passé simple	je déchus	je chus	il, elle échut
futur	je déchoirai	je choirai/cherrai	il, elle écherra
cond. présent	je déchoirais	je choirais/cherrais	il, elle échoirait/écherrait
subj. présent	que je déchoie	*inusité*	*inusité*
	que tu déchoies	*inusité*	*inusité*
	qu'il, qu'elle déchoie	*inusité*	qu'il, qu'elle échoie
	qu'ils, qu'elles déchoient	*inusité*	qu'ils, qu'elles échoient
impératif présent	*inusité*	*inusité*	*inusité*

1. Le verbe ***échoir*** n'est employé qu'aux 3es personnes.

VERBES DU 3e GROUPE EN *-RE*

	tendre (1)	**vaincre**	**battre**
infinitif présent			
participe présent	tendant	vainquant	battant
participe passé	tendu/ue	vaincu/ue	battu/ue
indicatif présent	je tends, tu tends	je vaincs, tu vaincs	je bats, tu bats
	il, elle tend	il, elle vainc	il, elle bat
	nous tendons	nous vainquons	nous battons
	ils, elles tendent	ils, elles vainquent	ils, elles battent
imparfait	je tendais	je vainquais	je battais
passé simple	je tendis	je vainquis	je battis
futur	je tendrai	je vaincrai	je battrai
cond. présent	je tendrais	je vaincrais	je battrais
subj. présent	que je tende	que je vainque	que je batte
	qu'il, qu'elle tende	qu'il, qu'elle vainque	qu'il, qu'elle batte
	que nous tendions	que nous vainquions	que nous battions
	qu'ils, qu'elles tendent	qu'ils, qu'elles vainquent	qu'ils, qu'elles battent
impératif présent	tends, tendons	vaincs, vainquons	bats, battons

1. De même : *épandre, répandre, défendre, descendre, fendre, fondre, mordre, pendre, perdre, répondre, rompre* (mais : *il rompt*), *tondre, vendre* et leurs composés.

	mettre (1)	**prendre (1)**	**moudre**
infinitif présent			
participe présent	mettant	prenant	moulant
participe passé	mis/mise	pris/prise	moulu/ue
indicatif présent	je mets, tu mets	je prends, tu prends	je mouds, tu mouds
	il, elle met	il, elle prend	il, elle moud
	nous mettons	nous prenons	nous moulons
	ils, elles mettent	ils, elles prennent	ils, elles moulent
imparfait	je mettais	je prenais	je moulais
passé simple	je mis	je pris	je moulus
futur	je mettrai	je prendrai	je moudrai
cond. présent	je mettrais	je prendrais	je moudrais
subj. présent	que je mette	que je prenne	que je moule
	qu'il, qu'elle mette	qu'il, qu'elle prenne	qu'il, qu'elle moule
	que nous mettions	que nous prenions	que nous moulions
	qu'ils, qu'elles mettent	qu'ils, qu'elles prennent	qu'ils, qu'elles moulent
impératif présent	mets, mettons	prends, prenons	mouds, moulons

1. De même : ses composés.

	coudre (1)	**absoudre (2)**	**résoudre**
infinitif présent			
participe présent	cousant	absolvant	résolvant
participe passé	cousu/ue	absous/oute	résolu/ue
indicatif présent	je couds, tu couds	j'absous, tu absous	je résous, tu résous
	il, elle coud	il, elle absout	il, elle résout
	nous cousons	nous absolvons	nous résolvons
	ils, elles cousent	ils, elles absolvent	ils, elles résolvent
imparfait	je cousais	j'absolvais	je résolvais
passé simple	je cousis	*inusité*	je résolus
futur	je coudrai	j'absoudrai	je résoudrai
cond. présent	je coudrais	j'absoudrais	je résoudrais
subj. présent	que je couse	que j'absolve	que je résolve
	qu'il, qu'elle couse	qu'il, qu'elle absolve	qu'il, qu'elle résolve
	que nous cousions	que nous absolvions	que nous résolvions
	qu'ils, qu'elles cousent	qu'ils, qu'elles absolvent	qu'ils, qu'elles résolvent
impératif présent	couds, cousons	absous, absolvons	résous, résolvons

1. De même : ses composés. - 2. De même : *dissoudre*.

VERBES DU 3e GROUPE EN *-RE*

infinitif présent	**craindre (1)**	**suivre (2)**	**vivre (3)**
participe présent	craignant	suivant	vivant
participe passé	craint/te	suivi/ie	vécu/ue
indicatif présent	je crains, tu crains il, elle craint nous craignons ils, elles craignent	je suis, tu suis il, elle suit nous suivons ils, elles suivent	je vis, tu vis il, elle vit nous vivons ils, elles vivent
imparfait	je craignais	je suivais	je vivais
passé simple	je craignis	je suivis	je vécus
futur	je craindrai	je suivrai	je vivrai
cond. présent	je craindrais	je suivrais	je vivrais
subj. présent	que je craigne qu'il, qu'elle craigne que nous craignions qu'ils, qu'elles craignent	que je suive qu'il, qu'elle suive que nous suivions qu'ils, qu'elles suivent	que je vive qu'il, qu'elle vive que nous vivions qu'ils, qu'elles vivent
impératif présent	crains, craignons	suis, suivons	vis, vivons

1. De même : *astreindre, atteindre, ceindre, contraindre, enfreindre, éteindre, feindre, geindre, joindre, peindre, plaindre, teindre* et leurs composés. - **2**. et **3**. De même : leurs composés.

infinitif présent	**paraître (1)**	**naître (2)**	**croître (3)**
participe présent	paraissant	naissant	croissant
participe passé	paru/ue	né/née	crû/ue
indicatif présent	je parais, tu parais il, elle paraît nous paraissons ils, elles paraissent	je nais, tu nais il, elle naît nous naissons ils, elles naissent	je croîs, tu croîs il, elle croît nous croissons ils, elles croissent
imparfait	je paraissais	je naissais	je croissais
passé simple	je parus	je naquis	je crûs
futur	je paraîtrai	je naîtrai	je croîtrai
cond. présent	je paraîtrais	je naîtrais	je croîtrais
subj. présent	que je paraisse qu'il, qu'elle paraisse que nous paraissions qu'ils, qu'elles paraissent	que je naisse qu'il, qu'elle naisse que nous naissions qu'ils, qu'elles naissent	que je croisse qu'il, qu'elle croisse que nous croissions qu'ils, qu'elles croissent
impératif présent	parais, paraissons	nais, naissons	croîs, croissons

1. De même : *connaître* et ses composés. - **2**. et **3**. De même : leurs composés, mais *renaître* sans part. passé et *accru* sans accent.

infinitif présent	**rire (1)**	**conclure (2)**	**nuire (3)**
participe présent	riant	concluant	nuisant
participe passé	ri	conclu/ue	nui
indicatif présent	je ris, tu ris il, elle rit nous rions ils, elles rient	je conclus, tu conclus il, elle conclut nous concluons ils, elles concluent	je nuis, tu nuis il, elle nuit nous nuisons ils, elles nuisent
imparfait	je riais	je concluais	je nuisais
passé simple	je ris	je conclus	je nuisis
futur	je rirai	je conclurai	je nuirai
cond. présent	je rirais	je conclurais	je nuirais
subj. présent	que je rie qu'il, qu'elle rie que nous riions qu'ils, qu'elles rient	que je conclue qu'il, qu'elle conclue que nous concluions qu'ils, qu'elles concluent	que je nuise qu'il, qu'elle nuise que nous nuisions qu'ils, qu'elles nuisent
impératif présent	ris, rions	conclus, concluons	nuis, nuisons

1. De même : *sourire*. - **2**. De même : *exclure* et *inclure* (mais part. passé *inclus*). - **3**. De même : *luire* et ses composés.

VERBES DU 3e GROUPE EN *-RE*

infinitif présent	**conduire (1)**	**écrire**	**croire**
participe présent	conduisant	écrivant	croyant
participe passé	conduit/te	écrit/te	cru/ue
indicatif présent	je conduis, tu conduis	j'écris, tu écris	je crois, tu crois
	il, elle conduit	il, elle écrit	il, elle croit
	nous conduisons	nous écrivons	nous croyons
	ils, elles conduisent	ils, elles écrivent	ils, elles croient
imparfait	je conduisais	j'écrivais	je croyais
passé simple	je conduisis	j'écrivis	je crus
futur	je conduirai	j'écrirai	je croirai
cond. présent	je conduirais	j'écrirais	je croirais
subj. présent	que je conduise	que j'écrive	que je croie
	qu'il, qu'elle conduise	qu'il, qu'elle écrive	qu'il, qu'elle croie
	que nous conduisions	que nous écrivions	que nous croyions
	qu'ils, qu'elles conduisent	qu'ils, qu'elles écrivent	qu'ils, qu'elles croient
impératif présent	conduis, conduisons	écris, écrivons	crois, croyons

1. De même : ***construire, reconstruire, instruire, cuire, détruire*** et les verbes se terminant par ***-duire***.

infinitif présent	**suffire**	**dire (1)**	**lire (2)**
participe présent	suffisant	disant	lisant
participe passé	suffi	dit/dite	lu/lue
indicatif présent	je suffis, tu suffis	je dis, tu dis	je lis, tu lis
	il, elle suffit	il, elle dit	il, elle lit
	nous suffisons	nous disons, vous dites	nous lisons
	ils, elles suffisent	ils, elles disent	ils, elles lisent
imparfait	je suffisais	je disais	je lisais
passé simple	je suffis	je dis	je lus
futur	je suffirai	je dirai	je lirai
cond. présent	je suffirais	je dirais	je lirais
subj. présent	que je suffise	que je dise	que je lise
	qu'il, qu'elle suffise	qu'il, qu'elle dise	qu'il, qu'elle lise
	que nous suffisions	que nous disions	que nous lisions
	qu'ils, qu'elles suffisent	qu'ils, qu'elles disent	qu'ils, qu'elles lisent
impératif présent	suffis, suffisons	dis, disons, dites	lis, lisons, lisez

1. De même : ***confire*** et ses composés et ***redire***. Les composés de ***dire***, sauf ***maudire*** (modèle : 2e groupe), se conjuguent sur ***dire***, sauf à la 2e personne pluriel indicatif présent : *vous contredisez*. - **2**. De même : ses composés.

infinitif présent	**boire**	**taire (1)**	**faire (2)**
participe présent	buvant	taisant	faisant
participe passé	bu/bue	tu/tue	fait/faite
indicatif présent	je bois, tu bois	je tais, tu tais	je fais, tu fais
	il, elle boit	il, elle tait	il, elle fait
	nous buvons	nous taisons	nous faisons, vous faites
	ils, elles boivent	ils, elles taisent	ils, elles font
imparfait	je buvais	je taisais	je faisais
passé simple	je bus	je tus	je fis
futur	je boirai	je tairai	je ferai
cond. présent	je boirais	je tairais	je ferais
subj. présent	que je boive	que je taise	que je fasse
	qu'il, qu'elle boive	qu'il, qu'elle taise	qu'il, qu'elle fasse
	que nous buvions	que nous taisions	que nous fassions
	qu'ils, qu'elles boivent	qu'ils, qu'elles taisent	qu'ils, qu'elles fassent
impératif présent	bois, buvons	tais, taisons	fais, faisons, faites

1. De même : ***plaire*** et ses composés, sauf à la 3e pers. (*il, elle plaît*). - **2**. De même : ses composés.

VERBES DU 3e GROUPE EN *-RE*

infinitif présent	**extraire (1)**	**repaître (2)**	**sourdre (3)**
participe présent	extrayant	repaissant	*inusité*
participe passé	extrait/te	repu/ue	*inusité*
indicatif présent	j'extrais, tu extrais	je repais, tu repais	*inusité*
	il, elle extrait	il, elle repaît	il, elle sourd
	nous extrayons	nous repaissons	*inusité*
	ils, elles extraient	ils, elles repaissent	ils, elles sourdent
imparfait	j'extrayais	je repaissais	il, elle sourdait
passé simple	*inusité*	je repus	*inusité*
futur	j'extrairai	je repaîtrai	*inusité*
cond. présent	j'extrairais	je repaîtrais	*inusité*
subj. présent	que j'extraie	que je repaisse	*inusité*
	qu'il, qu'elle extraie	qu'il, qu'elle repaisse	
	que nous extrayions	que nous repaissions	
	qu'ils, qu'elles extraient	qu'ils, qu'elles repaissent	
impératif présent	extrais, extrayons	repais, repaissons	*inusité*

1. De même : ***traire, abstraire, braire*** (usité seulement aux 3es pers. du sing. et du pluriel), ***soustraire***. - **2**. De même : ***paître***, défectif (pas de passé simple ni de participe passé). - **3**. Le verbe ***sourdre*** est défectif.

infinitif présent	**oindre**	**poindre (1)**	**frire (2)**
participe présent	oignant	poignant	*inusité*
participe passé	oint/ointe	*inusité*	frit/frite
indicatif présent	j'oins, tu oins	*inusité*	je fris, tu fris
	il, elle oint	il, elle point	il, elle frit
	nous oignons	*inusité*	*(pas de pluriel)*
	ils, elles oignent	*inusité*	*(pas de pluriel)*
imparfait	j'oignais	il poignait	*inusité*
passé simple	j'oignis	il poignit	*inusité*
futur	j'oindrai	il poindra	je frirai
cond. présent	j'oindrais	il poindrait	je frirais
subj. présent	que j'oigne	*inusité*	*inusité*
	qu'il, qu'elle oigne	qu'il, qu'elle poigne	*inusité*
	que nous oignions	*inusité*	*inusité*
	qu'ils, qu'elles oignent	*inusité*	*inusité*
impératif présent	oins, oignez	*inusité*	fris (*inusité*)

1. Le verbe ***poindre*** ne se conjugue qu'à la 3e personne du singulier. - **2**. Le verbe ***frire*** est défectif.

infinitif présent	**clore**	**éclore**	**enclore**
participe présent	*inusité*	*inusité*	*inusité*
participe passé	clos/close	éclos/éclose	enclos/se
indicatif présent	je clos, tu clos	*inusité*	j'enclos, tu enclos
	il, elle clôt	il, elle éclot	il, elle enclot
	nous closons	*inusité*	*(pas de pluriel)*
	ils, elles closent	ils, elles éclosent	*(pas de pluriel)*
imparfait	*inusité*	*inusité*	*inusité*
passé simple	*inusité*	*inusité*	*inusité*
futur	je clorai	il, elle éclora	j'enclorai
		ils, elles écloront	
cond. présent	je clorais	il(s), elle(s) éclorai(en)t	j'enclorais
subj. présent	que je close	*inusité*	que j'enclose
	qu'il, qu'elle close	qu'il, qu'elle éclose	qu'il, qu'elle enclose
	que nous closions	*inusité*	que nous enclosions
	qu'ils, qu'elles closent	qu'ils, qu'elles éclosent	qu'ils, qu'elles enclosent
impératif présent	*inusité*	*inusité*	*inusité*